髙橋洋一

2019〜 世界と日本経済の真実

米中貿易戦争で日本は果実を得る

悟空出版

はじめに

2019年4月30日をもって、「平成」が終わりを告げることになっている。日本にとってはまさに新しい時代の到来だが、世界もまた、大きな変化を迎えつつある。

まず、国際関係においては、「アメリカ・ファースト政策」を掲げているトランプ大統領が、莫大《ばくだい》な対米貿易黒字を抱える中国に対して追加関税を発動し、それに対して中国の習近平《しゅうきんぺい》国家主席が報復関税で対抗、まさに米中貿易戦争の様相を呈している。

2018年3月にトランプ大統領は、鉄鋼製品やアルミニウム製品に追加関税を課すと発表し、すぐに発動させた。それは中国一国のみに向けた措置ではなかったが、実質的には中国を狙い撃ちするものであり、中国に対する宣戦布告だった。それに対して中国は即座に報復関税を実施。その後も、アメリカの追加報復に、中国が報復関税で応えるという状況が続いている。

多くのメディアは、米中貿易戦争は日本にも大きなダメージを与えると危機感を煽《あお》った。しかし筆者は、日本が焦る必要はないし、静観していればいいと考えている。

そもそもビジネス・パーソンであるトランプ大統領が、中国に対してなんらかのディール（取引）をしかけるであろうことは、彼が大統領に就任した2017年の段階で十分に予測されていたことだ。

事実、筆者は、悟空出版からちょうど1年前に発刊した前著『ついにあなたの賃金上昇が始まる!』（２０１7年10月刊）で、〈トランプ氏が米国大統領になっている現状は、日本にとってハッピーだ〉とし、さらに次のように書いていた。

〈日本に比べてアンハッピーなのは中国だ。トランプ氏は、米大統領選の最中にも、たとえば巨額の対中貿易赤字に言及して、「中国にわが国をレイプさせ続けるわけにはいかない」などと発言したり、「中国は為替操作のグランド・チャンピオンだ」などと攻撃したりしていた〉

つまり、トランプ大統領は、大統領に就任する以前から主張していたことを実行に移しただけのことであり、別に驚きに値することではないということだ。

筆者は、「この米中貿易戦争は、いずれトランプ大統領の勝利に終わり、今後、中国は共産党独裁放棄か経済崩壊かを迫られ、イバラの道を歩き始めることになる」と予測している。

詳しいことは本文に譲るとして、今でこそ、「トランプ大統領は自由貿易体制を破壊する悪の存在だ」と激しく非難している中国政府だが、自由で公平な貿易を進めようとすれば、必然的に資本の自由化、情報の自由化、あるいは司法の民主化が求められる。それに対して、中国政府が、本当の意味で自由で公平な貿易を認めるはずがない。つまり、中国の言う「自由化」は、自国にとって都合がいい部分に限った話なのだ。

しかし、〝ほんとうの自由化〟を進めない限り、中国は本格的な経済発展は遂げられない。逆に言えば、中国が「自由貿易」を訴えれば訴えるほど、共産党一党独裁体制の矛盾が噴出し、体制崩壊へと向かう可能性が高いのだ。

にもかかわらず、「トランプ大統領は貿易赤字の意味がわからない」と言う論者は中国の回し者か無知な人のように、筆者には見える。確かに、かつて「重商主義」が叫ばれた時代には、「貿易の黒字は利益で赤字は損失である」と言われた。現代社会においても貿易赤字を危険視するのは初歩的な誤りだ。貿易収支は輸出と輸入の差にすぎず、国富とは関係ない。

しかし、対中貿易赤字が大きいことと、中国からの対米投資が大きいことはパラレルだ。「対米投資を自由にやりながら、対中投資は自由にさせず、アメリカの知的所有権を侵害している」というのがトランプ論法なので、貿易赤字はあくまで話の枕にすぎず、本質的なことではない。

モノサービスの経常収支とカネの資本収支には双対性《そうついせい》(duality)がある。国際社会全体では綺麗《きれい》な式になるが、一国ベースでもある程度成立する。この双対性を使うと議論の見通しがよくなる。

また、開戦直前まで行った米朝関係も、ガチンコ勝負だった2018年6月のシンガポールにおける「米朝首脳会談」を契機に、とりあえず最悪の事態は回避された。これについても、メディアの多くは、「トランプ大統領は、したたかな金正恩《キムジョンウン》委員長の手玉にとられた」などと書き立てたが、そもそも体制維持を最大の目的とする北朝鮮がそう簡単に命綱である核の放棄に応じるはずもなく、交渉が長引くのも当然のことだった。

そういう意味では、「米朝首脳会談」は朝鮮半島を巡る新秩序体制づくりの始まりであり、今後は、中・北・韓VS日・米という構図になっていく可能性が高いと見るべきだし、いずれにしても時間のかかる問題である。


一方、国内に目を向けたとき、平成時代とは、日本にとってどんな時代だったのだろうか。新しい時代を迎えるに当たって、いったい何が変わり、何が変わらないのだろうか。

思えば、平成（改元：1989年1月8日）は「バブル経済」で始まった。

現在、一般的にバブルは〝浮かれたカネの亡者による狂宴〟のように思われているが、ほんとうにそうなのか。

筆者は、その功罪がきちんと検証されていないことが問題だと考えている。

一向に景気が上向かなかった時期を経て、日本経済はＩＴバブルや、筆者も期せずして当事者となった小泉改革、そして民主党政権、東日本大震災を経て、アベノミクスへと移り変わっていった。この〝失われた20年〟（厳しく言えば、その前も含む〝失われた30年〟）から学ぶべきことは少なくない。

あるテレビ番組で、「デフレはいつから始まったのか」と聞かれたことがあった。

デフレの国際的な定義は「2期連続での物価下落」と定められている。ここで言う物価とは、一国経済の話なので、消費者物価と企業物価を合わせたGDP（国内総生産）デフレーターで見るのが普通だ。それによると、デフレは1995年からと判断できる。つまり、「平成」のかなりの期間はデフレだったと言えるだろう。

ではなぜ、デフレが始まったのか。その原因は、「バブル」そのものではなく、「バブル潰し」にあった。

そもそも、あの当時、価格が高騰していたのは株と土地だけだった。筆者の見たところでは、これは株式に関する税制上の抜け穴が主要因だった。証券会社や金融機関が、その抜け穴を利用して「財テク商品」を開発、それによって株と土地のバブルが形成されていったのだ。

株と土地だけの話なので、証券会社の「財テク商品」（当時「営業特金」と言われた）と金融機関の不動産融資を規制すればよかった。当時、役人であった筆者は証券会社の規制を担当した。その規制は1989年12月に出され、金融機関規制も1990年3月に出た。それで終わりのはずだった。

ところが、「平成の鬼平」と持ち上げられた日銀の三重野康総裁は、バブル潰しのために金融引き締めを行ったのである。当時のインフレ率は3％以下だったので、もし今のインフレ目標（2％）が導入されていたとしても、過度な引き締めは不必要と判断されるべき状況だったにもかかわらず、である。

この件について、筆者は経済学者のバーナンキFRB（米連邦準備制度理事会）元議長に聞いたことがある。

彼の答えは、「株などの資産価格だけが上昇しているときに必要なのは資産価格上昇の原因の除去であり、一般物価に影響のある金融政策の出番ではない」というものだった。そもそも一般物価に資産価格は含まれていないので、バブル退治に金融政策を使うのはお門違いだった。

しかも、日銀官僚の「無謬《むびゅう》性」（間違いはないとの過信）から、バブル後の金融引き締めが正しいと思い込んだので、その後も金融引き締めを間違った政策とは認めず、続けていった結果、デフレ不況が継続した。

アベノミクスの金融緩和で、ようやくそのデフレから脱出しかけていることは本文で詳しく解説するが、あと一歩のところまで来ている。

しかし、この段階で注視すべきなのは、消費税の8％から10％への増税がどうなるかである。改めて、平成時代の経済環境と消費増税について振り返っておこう（図①）。

1989年の3％消費税創設時は、経済への影響は少なく、前年の1988年と比べて、名目成長率は7％から7・3％に、実質成長率は6・4％から4・6％になった。

その理由は、バブル経済の中で景気過熱感があったことと、消費税創設とともに、個別物品税の廃止を行ったからだった。続く、1997年の3％から5％への消費増税の際は、前年の1996年と比べて、名目成長率は2・4％から0・9％に、実質成長率は2・8％から0％へと下がり、経済への悪影響があった。

このときには既にデフレ経済になっており、先行する所得税減税があったが不十分だった。なお、この消費増税で景気が落ち込んだにもかかわらず、当時の大蔵省は景気後退の原因を「アジア通貨危機」のためだとし、学者などを動員してその説明を広めた。アジア危機が原因といっても、震源地である韓国やタイの景気回復は日本より早かった。日本だけが景気低迷していたのは、日本固有の消費増税によるものだったと言える。

そして3回目の、2014年の5%から8%への消費増税では、前年の2013年と比べて、名目成長率は2・6%から2・2%に、実質成長率は2・6%からマイナス0・3%へと大きく落ち込んだ。

そのとき、なぜか「消費税を増税しても景気が悪くならない」という過度な楽観論が広く流布していたが、デフレ経済からまだ脱却していなかった上、優遇措置を伴わない正味の〝ネット増税〟だったので、景気が悪くなるのは当然だった。

実は、この2014年の消費増税のとき、安倍総理が消費税8%を発表する前に、筆者は総理から「日銀の黒田東彦総裁も含めて皆、消費税を上げても大丈夫と言っている」という電話を受けた。そのとき筆者は、「いや、それは違います」と申し上げたのだが、果たして景気は目に見えて悪化してしまった。

その後、1年ほどして安倍総理から「髙橋さんが言っていたことが正しかったね」と言われたが、筆者の予測がなぜ当たるのかというと、ちゃんと計算しているからだ。私の予測が当た

出典：内閣府 国民経済計算年次推計

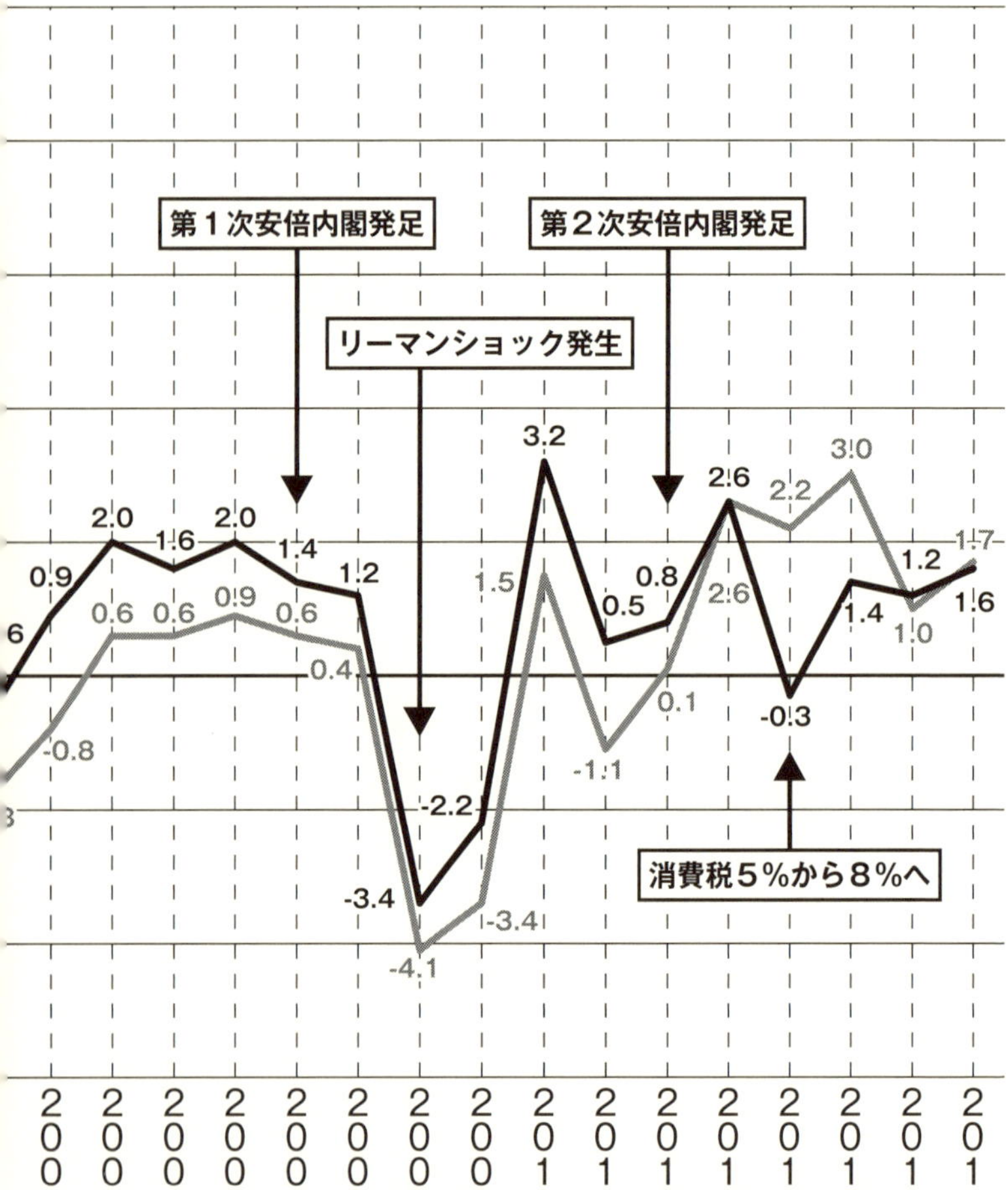

図① 日本の経済成長率の推移

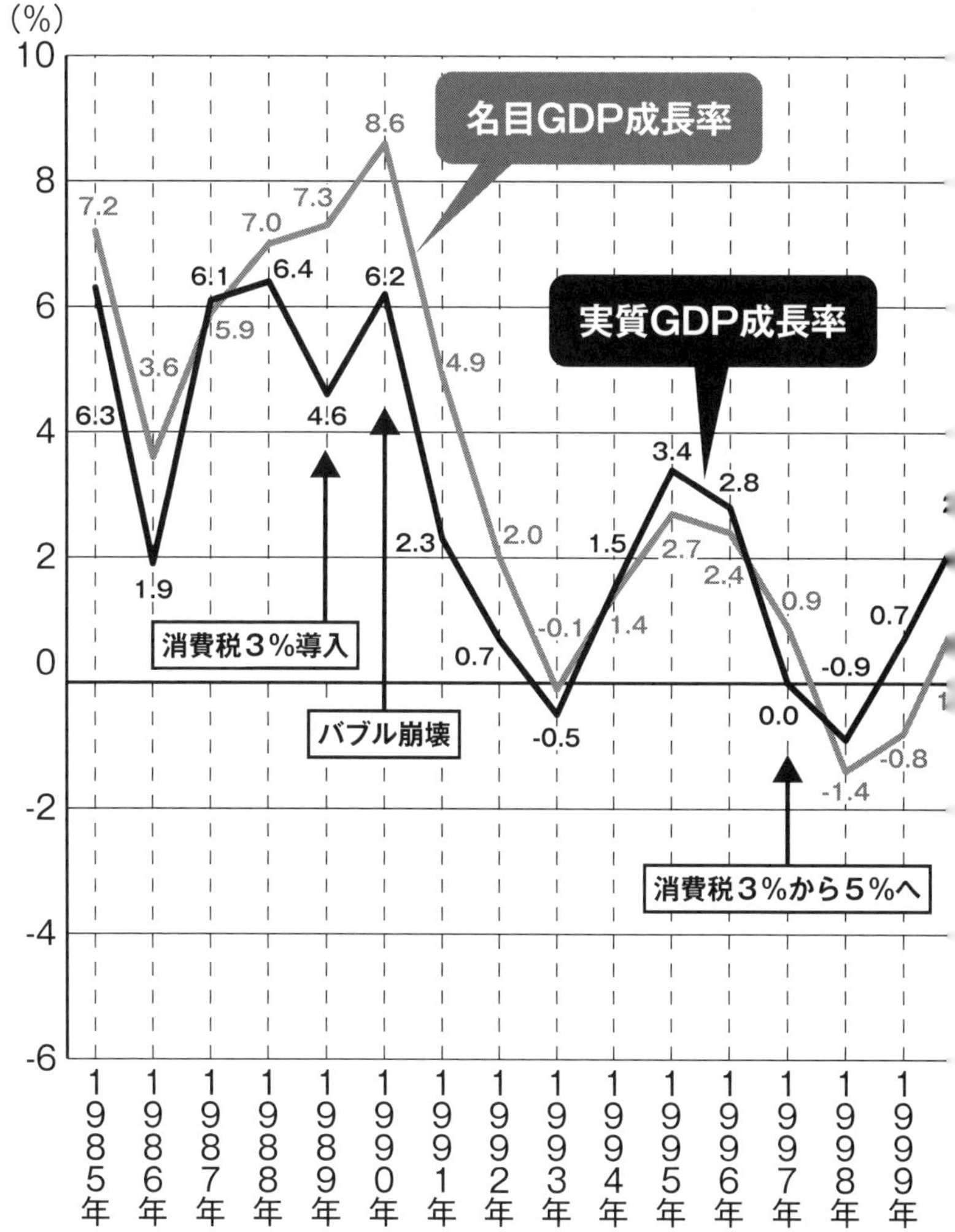
(%)
10
8
6
4
2
0
-2
-4
-6
名目GDP成長率
実質GDP成長率
7.2
3.6
5.9
7.0
7.3
8.6
4.9
2.0
-0.1
1.4
2.7
2.4
0.9
-1.4
-0.8
6.3
1.9
6.1
6.4
4.6
6.2
2.3
0.7
-0.5
1.5
3.4
2.8
0.0
-0.9
0.7
消費税3%導入
バブル崩壊
消費税3%から5%へ
1985年
1986年
1987年
1988年
1989年
1990年
1991年
1992年
1993年
1994年
1995年
1996年
1997年
1998年
1999年

るのではない。私は数字に基づき、正しく計算しているだけだ。ちゃんと計算できれば、答えは私と同じになるはずなのだ。それが違うのは、官僚や経済学者が数字を読めないからだ。

平成時代の、創設時を含めて3回の消費増税は、はじめこそバブル景気だったので失敗ではなかったが、その後の2回はデフレ経済下に行われたため失敗だったのである。これから出てくる教訓は、「デフレ経済を完全に脱し、バブル経済のような好景気でないと消費増税は景気の腰を折る」ということだ。

筆者は、現在の財政状況は危機とは言えないので、政策論として消費増税に反対であるが、増税実施に向けて実務作業は着々と進んでいる。２０１９年4月30日に「平成」が終わると、新時代の門出で消費増税になる公算が大きい。その意味では、来年度予算で積極財政策をとり、同時に一層の金融緩和を行う「財政金融同時発動」によって、来年度の景気をデフレ脱却どころか過熱気味にする必要がある。または、〝君子豹変す〟で、消費増税を政治的にぶっ飛ばすかである。後者のほうが望ましく、安倍政権の憲法改正とデフレ克服の一石二鳥が可能になる。筆者はそう考えている。

２０１８年9月末日

髙橋洋一

目次

第六章 収穫期に向かうアベノミクス 139

STAFF
編集協力● 浪川攻　小林雅野　ザ・ライトスタッフオフィス
カバー著者写真撮影● 太田真三
本文 DTP ● 笠井克己（ザ・ライトスタッフオフィス）
校正● 櫻井健司（コトノハ）
販売● 酒井謙次
宣伝● 安田征克
統括マネージャー● 岡布由子

第一章

米中貿易戦争の背景を読む

米中貿易戦争前哨戦

２０１８年１月23日、「アメリカが16年ぶりにセーフガードを発動」というニュースが大きく流れた。たとえば、同日の日本経済新聞は次のように報じた。

〈トランプ米政権は22日、太陽光パネルの輸入急増で国内産業が大きな損害を受けているとしてセーフガード（緊急輸入制限）を発動すると発表した。通商法２０１条に基づく措置で、発動は２００２年のブッシュ（子）政権以来16年ぶり。世界シェア首位で安値攻勢をかける中国企業を念頭に置いており、通商摩擦が激しくなる恐れがある〉

大統領就任以来、「アメリカ・ファースト」を前面に押し出してきたドナルド・トランプ大統領が、ＩＴＣ（International Trade Commission：米国際貿易委員会）の勧告を受け、外国から輸入される太陽光発電パネルと家庭用の大型洗濯機に追加関税を課すと発表、大統領令に署名したというのである。

米通商法２０１条とは、輸入の急増によりアメリカの産業が重大な被害を受けた場合、一時的な関税引き上げや輸入制限、対米輸出自主規制などにより国内産業を救済することを目的としている法律だ。そして同年2月7日には、このセーフガードが実際に発動され、太陽光パネルに30％、洗濯機に20％以上の追加関税がかけられることとなった。

記事にある通り、アメリカは、ブッシュ政権時代の２００２年３月に、米通商法２０１条に基づいて、日本、ＥＵ、中国、韓国の鉄鋼製品に、関税引き上げ措置を発動したことがあった。

その当時、１９９７年にタイを中心に広がったアジア通貨危機をきっかけにアメリカのダウ・ジョーンズ工業平均株価が５５４ポイント（７・２％）の株価下落を記録した。そして、世界的に景気が冷え込む中、アメリカの鉄鋼業界も大きな打撃を受け、１９９７年以降、42社が破産申請を提出し、８万人以上の労働者にリストラ等の影響が出るという事態になっていた。

そこで、ブッシュ大統領は国内鉄鋼産業への一時的救済策（セーフガード）の検討を指示、ＩＴＣの調査などの手順を踏んだ上で、２００２年３月に３年間という期限付きのセーフガードを発動、14品目の鉄鋼製品（アメリカの鉄鋼輸入量の29％が対象）に対して、８～30％の追加関税をかけたのだ。

その後、ブッシュ大統領は、２００５年３月までとしていた期限を待たず、２００３年12月にはセーフガードを撤廃した。実は、このアメリカのセーフガードに対して、ＷＴＯ（World Trade Organization：世界貿易機関）は「協定違反」という裁定を下していたし、ＥＵや日本は相当額の報復関税の導入を検討、特にＥＵは、アメリカ製品に総額22億ドルの報復関税を発動する準備を進めており、国際的な貿易戦争が懸念されていた。翌年に大統領選を控えていたブッシュ大統領は、それもにらんでセーフガードを撤廃したとも言われている。

いずれにせよ、それから16年後の２０１８年、アメリカは再び、通商法２０１条に基づくセーフガードを発動したわけだが、今回の措置が中国を対象としたものであることは明らかだった。

そもそも、このセーフガード発動以前から、アメリカと中国の対立は始まっていた。

アメリカは、中国から不当に安い太陽光パネルが流入しているとして、オバマ政権時代の２０１４年にはアンチ・ダンピング関税を課していたのである。

（2011～2017年）

（出典：太陽光発電総合情報／エコライフ.com）

2014年	2015年	2016年	2017年
Trina solar （中国）	Trina solar （中国）	JinKOSolar （中国）	JinKOSolar （中国）
YingliSolar （中国）	CanadianSolar （中国）	Trina solar （中国）	Trina solar （中国）
CanadianSolar （中国）	JinKOSolar （中国）	CanadianSolar （中国）	CanadianSolar （中国・カナダ）
Hanwha Solar （中国・ドイツ）	JASOLAR （中国）	Hanwha Solar （中国・ドイツ）	JASOLAR （中国）
JinKOSolar （中国）	Hanwha Solar （中国・ドイツ）	JASOLAR （中国）	Hanwha Solar （Q セルズ含む） （中国・ドイツ・韓国）
JASOLAR （中国）	First Solar （アメリカ）	GCL-SI （中国）	GCL-SI （中国）
SHARP （日本）	YingliSolar （中国）	First Solar （アメリカ）	LONGi Solar （中国）
ReneSola （中国）	SUNTECH （Shunfeng） （中国）	YingliSolar （中国）	Risen Energy （中国）
First Solar （アメリカ）	ReneSola （中国）	Talesun （中国）	Shunfeng （主に Suntech） （中国）
KYOCERA （日本）	SUNPOWER （アメリカ）	Risen Energy （中国）	YingliSolar （中国）

アンチ・ダンピング関税とは、輸出国の国内価格よりも低い価格による輸出（ダンピング輸出）が、輸入国の国内産業に被害を与えている場合に、ダンピング価格を正常な価格に是正する目的で、価格差相当額以下で賦課される関税措置のことで、それ自体はＷＴＯ協定で認められている。

それに対して中国は、生産拠点を韓国やマレーシアに移すなどして抜け道をつくって対抗していたが、その中国に対してトランプ大統領は、大統領選の最中から「中国は不公正でトリックを使う不良国家だ」と激しく批判していたのだ。

図② 太陽光パネルの国際シェアランキングの推移

順位	2011年	2012年	2013年
1位	SUNTECH（中国）	YingliSolar（中国）	YingliSolar（中国）
2位	First Solar（アメリカ）	First Solar（アメリカ）	Trina solar（中国）
3位	YingliSolar（中国）	Trina solar（中国）	SHARP（日本）
4位	Trina solar（中国）	CanadianSolar（中国）	CanadianSolar（中国）
5位	CanadianSolar（中国）	SUNTECH（中国）	JinKOSolar（中国）
6位	SHARP（日本）	SHARP（日本）	ReneSola（中国）
7位	JinKOSolar（中国）	JinKOSolar（中国）	First Solar（アメリカ）
8位	SUNPOWER（アメリカ）	SUNPOWER（アメリカ）	Hanwha Solar（中国・ドイツ）
9位	Hanwha Solar（中国・ドイツ）	REC SOLAR（ノルウェー）	KYOCERA（日本）
10位	KYOCERA（日本）	Hanwha Solar（中国・ドイツ）	JASOLAR（中国）

ちなみに、太陽光パネルの国際シェアランキングの推移（図②）を見ても、中国メーカーが圧倒的にシェアを伸ばしていることがわかるだろう。２０１１年には、上位10社の中にアメリカ2社、日本2社も入っていたが、２０１７年には、ベスト10のすべてを中国が独占している。そういう意味では、この２０１８年1月23日に発せられたセーフガード発動宣言は、米中貿易戦争の序章だったと言える。

トランプが発表した鉄鋼・アルミの追加関税

２０１８年1月23日のセーフガード発動宣言から1か月少々経《た》った3月1日、トランプ政権は、通商拡大法２３２条に基づき、鉄鋼製品に25％、アルミニウム製品に10％の追加関税を課すことを発表、同月23日にはそれを発動した。

通商拡大法２３２条は、アメリカ大統領に安全保障を理由にした貿易制裁を認める法律である。大統領が外国製品の輸入を「脅威」と認定すれば、関税率の引き上げや輸入割当枠の導入など幅広い制裁措置を発動できることになっている。

トランプ政権は、この追加関税の根拠として、アメリカ国内の鉄鋼やアルミ産業の保護と、鉄鋼やアルミが戦闘機の製造に関わるため安全保障上の問題があるとした。

こうした通商拡大法２３２条に基づく追加関税は、１９８２年にレーガン政権下でリビア産の原油を禁輸したのを最後に発動していなかったが、トランプ大統領はそれを36年ぶりに引っ張り出してきたのだ。

この鉄鋼製品、アルミニウム製品に対する追加関税は、NAFTA《ナフタ》（North American Free Trade Agreement：北米自由貿易協定）との再交渉中だったカナダとメキシコに加えて、オーストラリア、EU、アルゼンチン、ブラジル、それに米韓FTAの再交渉中だった韓国の計7か国・地域が、当面は輸入制限の対象から除外された。

では、アメリカは外国から鉄鋼とアルミをどの程度輸入しているのか。

2017年のアメリカ全体のネット輸入額のうち、鉄鋼製品が占めるネット輸入額は1・9%、アルミニウム製品が占めるネット輸入額は0・7%で、合計しても2・7%である。ネット輸入額とは、アメリカの輸入額からアメリカの輸出額を差し引いた、正味の輸入額のことである。

また、鉄鋼製品とアルミニウム製品の輸入先を見ると、鉄鋼製品は、1位：カナダ（16%）、2位：EU（15%）、3位：ブラジル（14%）、4位：韓国（10%）、5位：メキシコ（9%）、6位：ロシア（8%）、7位：トルコ（6%）、8位：日本（5%）、9位：台湾（3%）で、以下、インド・中国が2%、タイ・南アフリカ・オーストラリア・ウクライナ・アルゼンチンがそれぞれ1%となっている（図③）。

一方、アルミニウム製品は、1位：カナダ（36%）、2位：中国（15%）、3位：EU（8%）

図③ アメリカの鉄鋼製品輸入先（2017年）

（出典:United States Census Bureau）

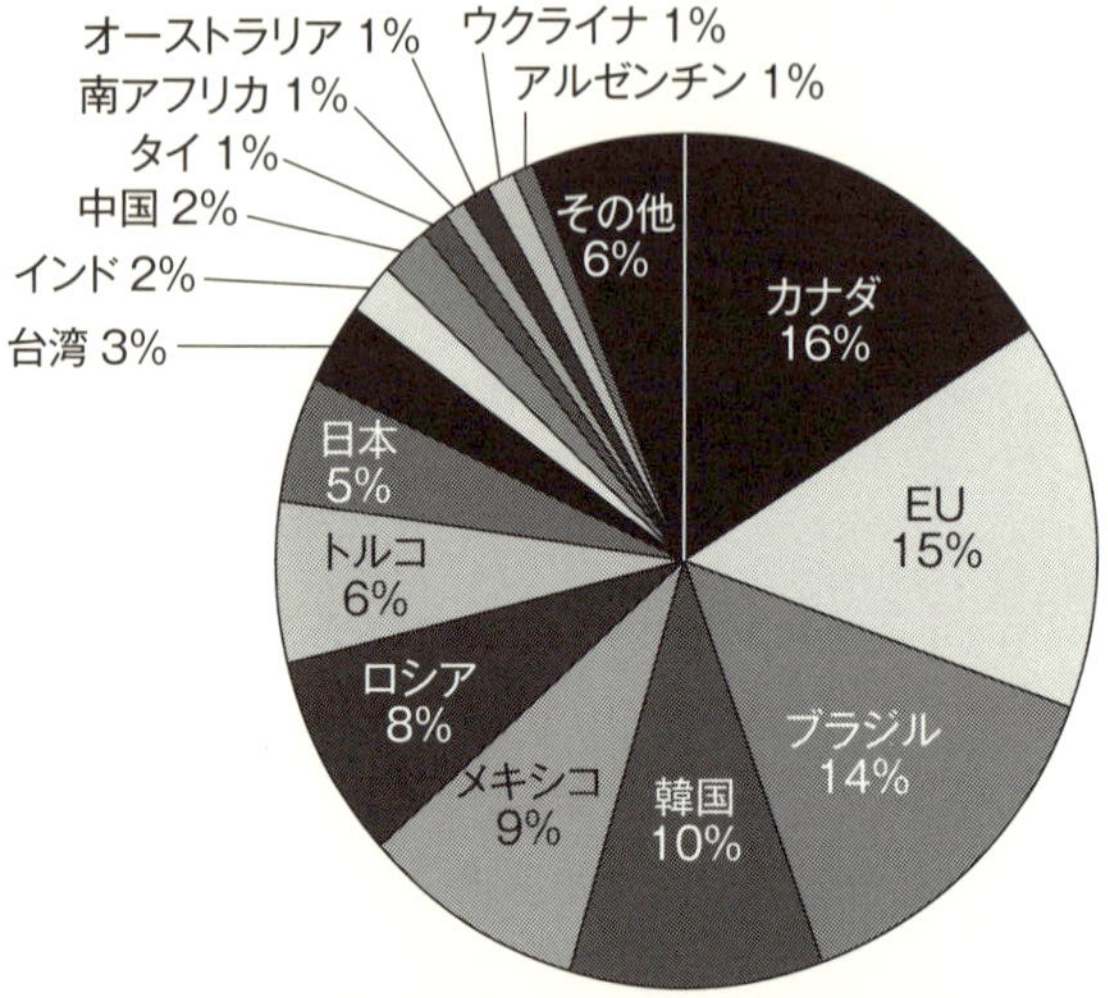

図④ アメリカのアルミニウム製品輸入先（2017年）

（出典:International Trade Centre,http://www.Intracen.org/）

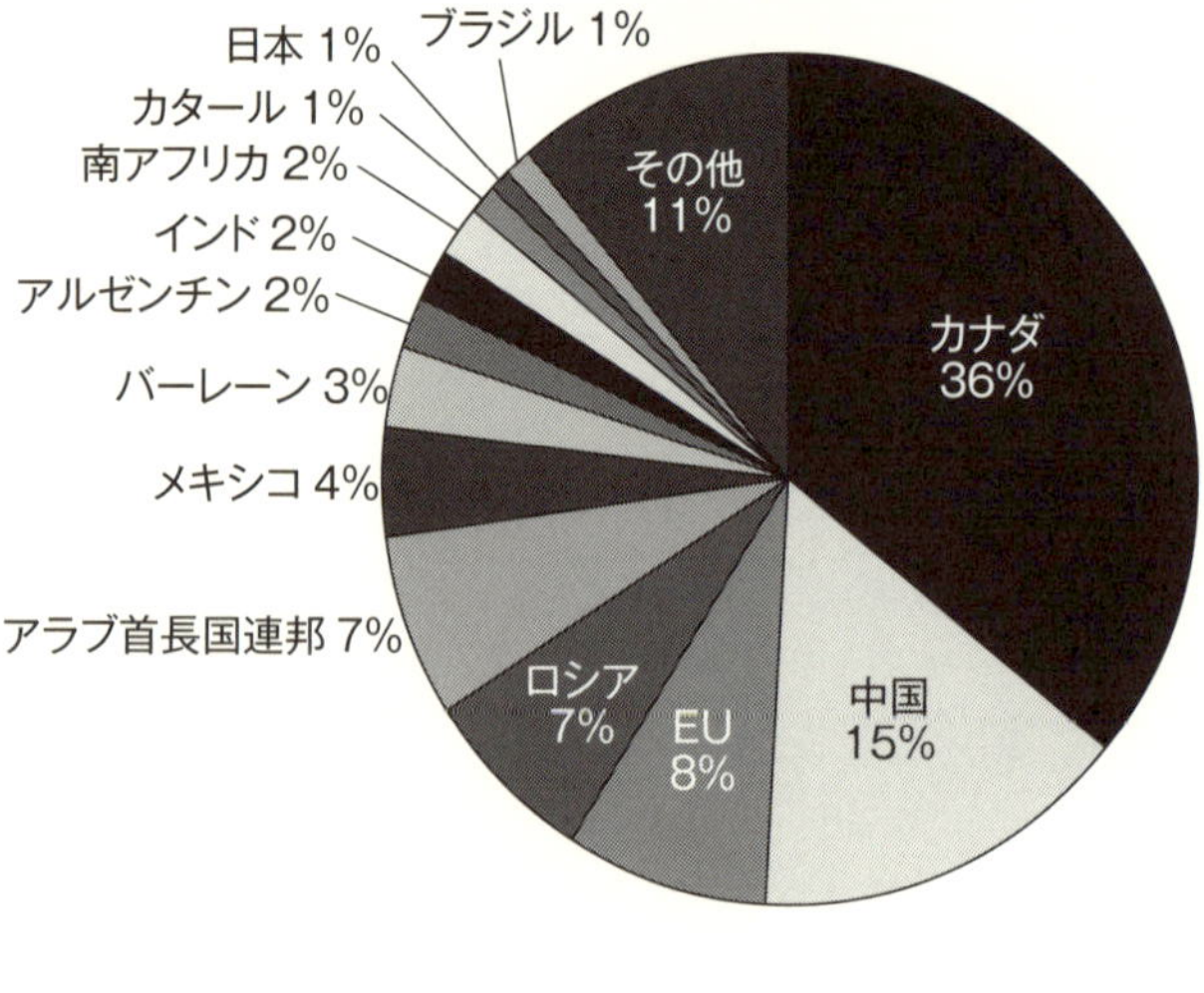

で、以下、ロシアとアラブ首長国連邦が7％、メキシコが4％、バーレーンが3％、アルゼンチン・インド・南アフリカが2％、カタール・日本・ブラジルが1％と続いている（図④）。

この鉄鋼、アルミ製品に対する追加関税のニュースが流れたとき、日本のメディアは「さあ、大変だ。なぜ、トランプ大統領は同盟国である日本を除外しないのか」と大騒ぎした。

しかし実のところ、日本にはほとんど影響のないものだった。そもそも日本からアメリカへの輸出額が小さいのに加え、日本が輸出している製品は高品質で、仮に追加関税がかかっても、アメリカが必要としているから、急激に輸出額が落ちる恐れはないのだ。つまり、アメリカの本当の狙いは、中国に対するものだったのである。

膨れ上がる対中貿易赤字

このトランプ大統領の追加関税措置において、特にトランプ大統領の意識が、アメリカにとって最大の貿易赤字国である中国に向けられていたことは間違いない。

なぜなら、2017年のアメリカの貿易赤字の総額は約8112億ドルだったが、そのうち半分近くを占めたのが、中国との貿易による赤字で、その額は約3757億ドルにものぼっていたからだ（図⑤）。

その中国を叩《たた》くことは、今やトランプ大統領にとって直近の外交課題となっているが、その意味では、アメリカの輸入量の15％を占める中国製のアルミニウム製品に追加関税をかけることは意味がある。

それだけではない。中国からの鉄鋼輸入割合は2％と少ないが、トランプ大統領は「中国からアメリカへの鉄鋼の輸出量は実際にはトランスシッピング（Trans-shipping）のために2％以上ある」と言及した。

中国によるトランスシッピングとは、中国で製造された鉄鋼が、中国からアメリカに直接輸入されず、他の国を通って輸入されることを意味する。たとえば、台湾からの輸入3％がそうだとすると、中国からの実質的な輸入は合計5％となる。

そういう意味では、トランプ政権の鉄鋼製品とアルミニウム製品に対する追加関税発動は、まさに中国への宣戦布告だったと言える

図⑤ 2017年のアメリカの貿易赤字データ

出典：JETRO（地域・分析レポート）「2017年の貿易赤字は4年連続で前年比増」2018年5月16日

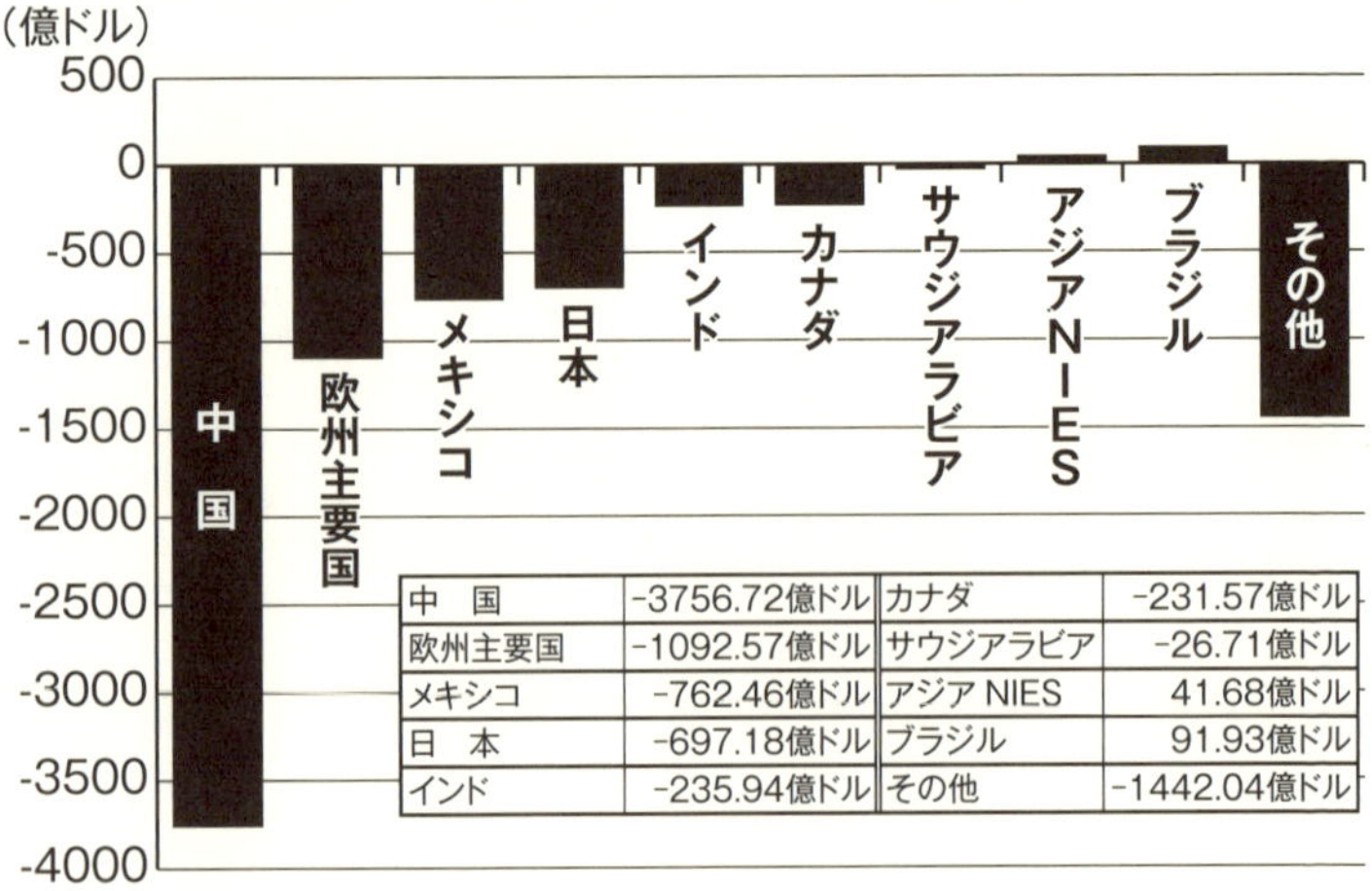

中　国	-3756.72億ドル	カナダ	-231.57億ドル
欧州主要国	-1092.57億ドル	サウジアラビア	-26.71億ドル
メキシコ	-762.46億ドル	アジア NIES	41.68億ドル
日　本	-697.18億ドル	ブラジル	91.93億ドル
インド	-235.94億ドル	その他	-1442.04億ドル

だろう。

このアメリカの攻勢に対して、中国は激しく反発し、4月1日にはアメリカからの果物や豚肉など128品目に15~25%の報復関税を課すことを発表し、翌日から実施した。

トランプ政権はさらに、4月3日には、アメリカ企業が保有する知的財産権を中国が侵害したとして、米通商法301条に基づき、中国からの輸入品1300品目(500億ドル相当)に25%の関税を課す制裁案を発表した。

米通商法301条は、他国の「不公正な貿易慣行」に対する報復措置を定めた法律で、USTR(Office of the United States Trade Representative:米通商代表部)が調査し、貿易相手国が不当な輸出補助金やダンピングを行っていると判断し、相手国との是正協議で解決できなければ、大統領が一方的に高関税や輸入制限などの措置を取れることになっている。実は1980年代の日米貿易摩擦のときには、日本から譲歩を引き出すために多用された法律だ。

それに対し中国は、翌4日にはアメリカから輸入している大豆や自動車など106項目(500億ドル相当)に、25%の追加関税をかける報復案を発表。その後も両国の応酬が続き、米中貿易戦争はもはや避け難い状況となったのである。

ついに米中貿易戦争勃発！

6月16日には、アメリカが中国から輸入される自動車や情報技術製品、ロボットなど１１０２品目に対して、中国による知的財産侵害があるとし、その制裁として25％の追加関税措置（５００億ドル相当）を行うと発表、そのうち８１８品目（３４０億ドル相当）については、７月６日に発動するとした。

それに対抗して、中国もすかさずアメリカに対して自動車や農産物など６５９品目（総額５００億ドル相当）について、25％の追加関税措置を行うことを発表した。

そして、その言葉通り、７月６日にはアメリカが、中国製品にする約８１８品目（３４０億ドル相当）への追加関税を発動したアメリカの、中国のみに向けた追加関税第１弾だった。。それに対して中国も、アメリカの大豆や自動車など（５４５品目）に対して同規模の報復措置に踏み切った。

多くのメディアは、これを受け、「米中間の貿易戦争が不可避になった」と書き立て、ここで米中貿易戦争の第１幕があけられた。

さらにアメリカは、７月10日に第２弾の追加措置として、中国からの衣料品や食料品、スポーツ用品、かばん、家具など６０３１品目（２０００億ドル相当）に10％の追加関税を課すと発表、発動は9月以降になるとした。

トランプ大統領は、6月18日の段階で、中国が報復に動いた場合は追加措置を打ち出すと表明し、2000億ドル分の対象品目を選ぶようUSTRに指示を出していた。

7月10日に発表された追加品目はまさに、そのUSTRによって挙げられたものだったが、USTRのライトハイザー代表は、その日の声明で中国による報復に関して「国際法上の正当な根拠がない」と批判していた。

ちなみに、ここまでにアメリカが発表した中国に対する追加関税は、2017年のアメリカの中国からの輸入総額である約5065億ドルの半分を対象とすることになる。

また、トランプ大統領は、第3弾となる3000億ドル分の追加措置をすることも検討しているとした。もしそうなれば、合計5000億ドルを超え、中国からの輸入品すべてに追加関税を課すことになる。

かくして、両国間のつば迫《ぜ》り合いは激化し、長期化の様相を見せ始めた。

自由貿易を否定するトランプ大統領の真意

経済学者に言わせれば、自由貿易を完全に否定するかのようなトランプ大統領のやり方はなんとも理解しがたいものだろう。

ほとんどの経済学者は、ここ200年近く、「自由貿易は、当事者すべてを〝WIN-WINの関係〟とする。政治家の役割は自由貿易の果実をどのように配分するかであり、自由貿易を否定するような行動はしてはいけない」と主張してきた。

だから、たとえば、ノーベル経済学賞受賞者のポール・クルーグマン教授は、トランプの言動について次のようにツイートした。

「トランプ大統領が貿易戦争に向かって行進する中、私は市場の慢心に驚いている」

「トランプ氏が行くところまで行って、世界経済を壊すのかはわからない。しかし、相当な可能性があるのは確かだ。50%？　30%？」

しかしトランプ大統領は、そんな〝常識〟などどこ吹く風とばかりに、国家間のディール（交渉）に関税の引き上げを利用している。

そもそも、中国に限らず、貿易相手国に対して関税引き上げをちらつかせながら、譲歩を引き出し、11月の中間選挙に向けて有利な状況を演出するというトランプ大統領の意図は見え見えだったが、この戦略は、たとえば韓国などには非常に有効だった。

アメリカとのFTA見直し交渉に敗北した韓国

実は韓国とアメリカとの間では、2006年6月からFTA（Free Trade Agreement：自由貿易協定）の交渉を始め、２０１１年には米韓ＦＴＡが締結され、２０１２年には発効していた。締結した２０１１年当時、アメリカの対韓輸出額は約４３５億ドル、韓国の対米輸出額は約５６７億ドルで、アメリカの対韓貿易赤字は、およそ１３２億ドルだった。しかしその後、韓国の対米輸出額が倍増し、２０１６年には韓国の対米輸出額が６９９億ドル、アメリカの対韓輸出額は４２３億ドルとなり、アメリカの対韓貿易赤字額は２７６億ドルと大幅に膨れ上がった。

そこで、トランプ大統領は２０１７年６月の米韓首脳会談で、５月に就任したばかりだった文在寅《ムンジェイン》大統領に再交渉を要求した。

当初、韓国側はそれに応じる姿勢を見せなかったが、トランプ大統領はＦＴＡ破棄をちらつかせ、韓国を２０１８年１月から、ＦＴＡ見直し交渉の座につかせていた。

また、トランプ大統領が、韓国にＦＴＡ見直しを強く迫った理由は、貿易赤字の問題を解消するためだけではなかった。トランプ大統領は、文大統領を苦々しく思っていたと言われている。

なぜなら、トランプ大統領が、北朝鮮に核廃棄させるために世界を主導して経済圧力をかけているにもかかわらず、文大統領が北朝鮮に対する人道支援を進めようという姿勢を取り続けていたからだ。

そして、このトランプ大統領の強硬な姿勢に、文大統領としては折れるしかなかった。韓国としては、トランプ大統領にＦＴＡを破棄されてはたまらない。

結局、２０１８年3月27日にはＦＴＡ見直し交渉に同意したが、韓国が大幅に譲歩したものとなった。

たとえば、競争的な通貨切り下げを禁じる「為替条項」の導入に合意した。

通常、ＦＴＡは関税の引き下げや非関税障壁の撤廃など貿易を促進するための条件を決めることが目的で行われるが、通貨安誘導を封じる条項が盛り込まれるのは極めて異例である。アメリカもそんな条項を他国との貿易協定に盛り込んだことはなかった。しかし、韓国はそれを呑《の》まされた。

また、最大の争点だった自動車分野でアメリカのピックアップトラックの関税撤廃時期が２０２１年から２０４１年まで延期されたし、アメリカの安全基準で製造した自動車をそのまま韓国で販売できる台数を、１メーカー当たり2万５０００台から5万台に引き上げさせられた。

さらに医療分野でも、アメリカ製の薬価が低く決定された場合にはアメリカの医薬品メーカーが韓国政府に決定の見直しを求めることができるようにするなど、アメリカの要求を韓国が大幅に受け入れるものとなった。

しかし、中国は違った。

アメリカからの宣戦布告に対し、中国は報復関税をかけるという真っ向勝負に出てきたし、中国共産党が支配する官僚機構を使って、通関手続きをわざと遅らせるなどの非関税措置を取ることまで示唆して対抗してきた。

その背景に、習近平国家主席の強い意向が働いていることは明らかだった。

習近平のメンツを読んだトランプ大統領

２０１３年に、第7代中華人民共和国主席、第4代中華人民共和国中央軍事委員会主席となり、中国の最高指導者の地位に就いた習近平氏は、２０１８年の全人代（全国人民代表大会）で、それまで国家主席の任期は2期（10年）までと決まっていた制限を廃止し、死ぬまでその座に居座れるようになった。

その習近平国家主席にしてみれば、メンツにかけても、おいそれとアメリカの圧力に屈するわけにはいかないというところだろう。

しかしトランプ大統領は、習国家主席が率いる中国が、報復関税という形で対抗してくることは十分に計算していたに違いないし、それを利用できることもわかっていた。

なにしろ、アメリカVS中国の派手な外交上のやりとりは人々の関心を引く。それが自身のアメリカ国内での人気を高めることになるであろうことも読んでいた。

実際、アメリカ国内では「よくやっている」として支持率も高まっている。

またトランプ政権のスタッフは、実際に米中で報復関税をかけ合っても、より大きな痛手を負うのが中国側であることもしたたかに読んでいたに違いない。

(出典:IMF - World Economic Outlook Databases　2018年は推定値)

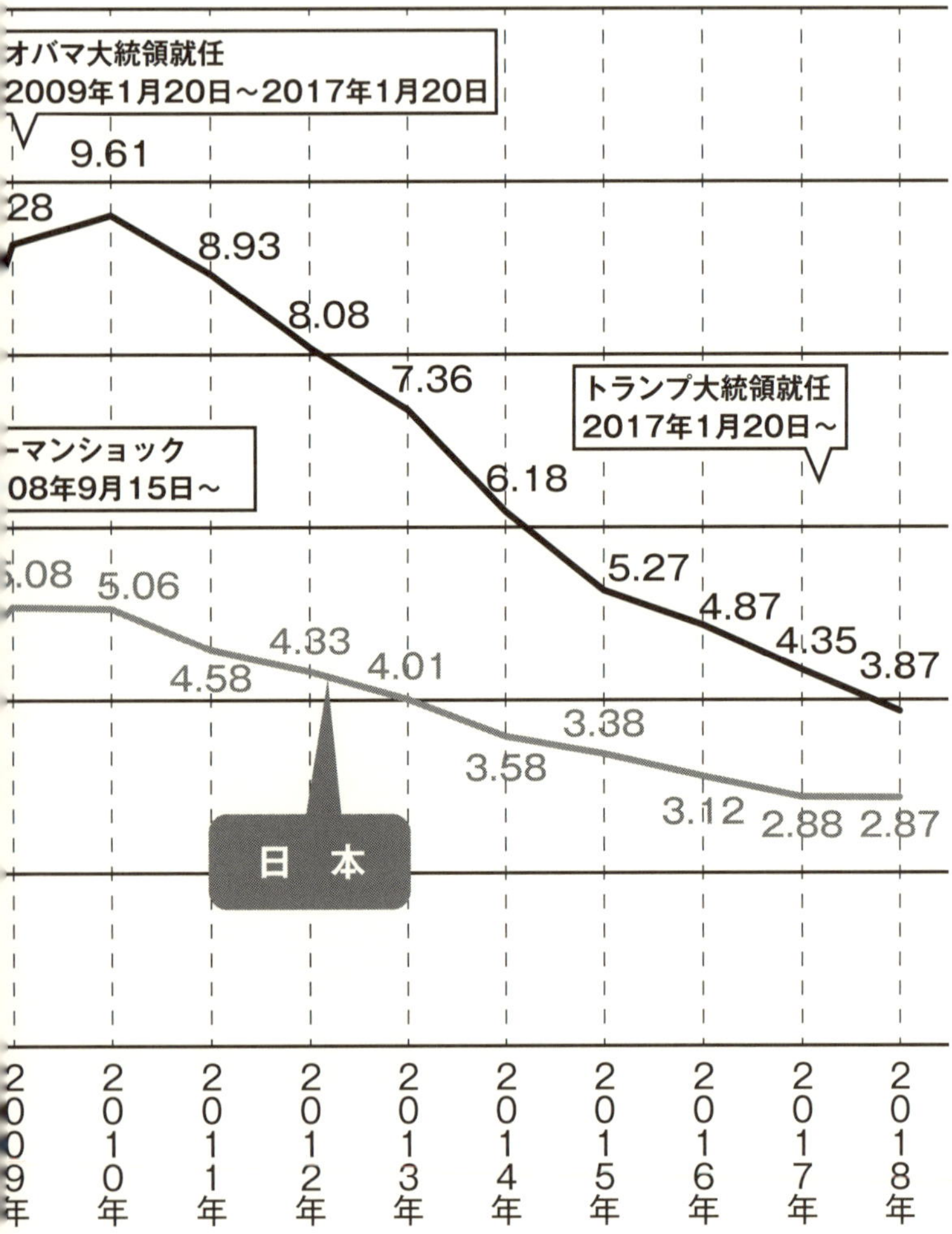

図⑥ 日本とアメリカの失業率の推移

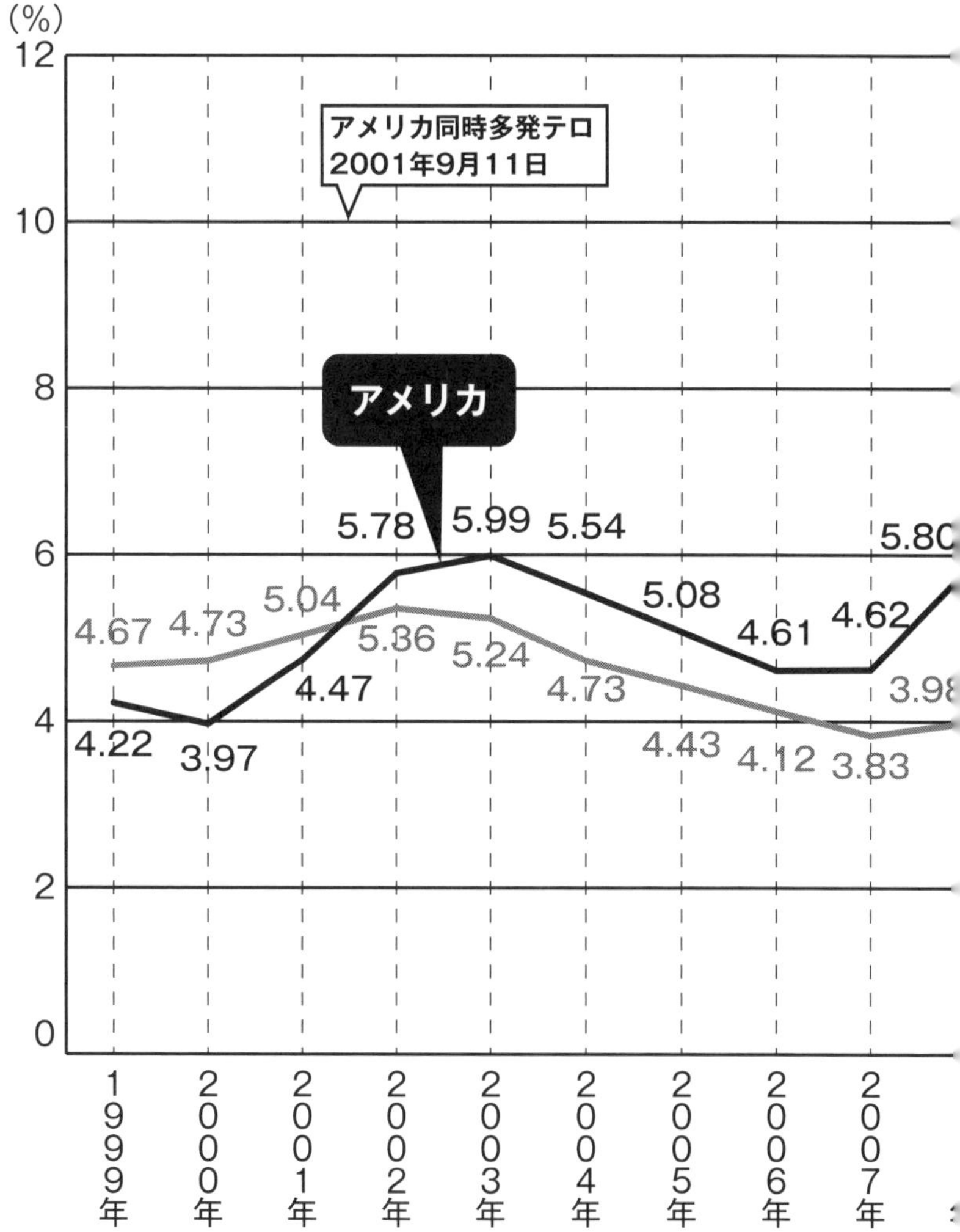

仮に関税をかけ合っても、アメリカにかかる関税額はGDP（国内総生産）の0・2％程度で、それによるアメリカのインフレ率上昇も0・1％程度とマクロ的な影響は極めて限定的である。

しかも、トランプ政権は大規模な財政支出をする予定であるので、関税引き上げの悪影響は吸収される。

また、アメリカの失業率はグラフ（図⑥）に示したように、日本と同様にほぼ下限に達しているし、経済も好調である。

要するに、トランプ大統領の貿易政策は、ミクロ的に見れば、むちゃくちゃで弁解の余地はないように見えるが、全体のマクロ政策を見ると、積極財政策をとっているので大きな景気後退にはなりにくいというわけだ。

中国の「貿易の自由化」は口先だけ

アメリカから貿易戦争を仕掛けられた中国は、アメリカに対して、「トランプ大統領は自由貿易体制を破壊する悪の存在だ」と激しく反発している。

2018年7月にドイツを訪問した李克強《りこくきょう》首相はメルケル首相と会談し、シーメンス、フォルクスワーゲン、BASFなどの企業と中国との間で、200億ユーロ（235億1000万ドル）規模の取引で合意した。

その際、李克強首相は、「世界の主要な経済体である中国とドイツは、国際情勢に不安定・不確定の要素が増える今こそ、二国間・多角的協力の一層の強化を通じて、自由で公平な貿易の支持と、公正な国際秩序の維持に向けた積極的なシグナルを共同で発し、世界貿易の成長と世界経済の持続的な回復を促進すべきだ」と述べたと、新華社は伝えている（２０１８年7月10日）。

しかし、自由で公平な貿易を進めようとすれば、必然的に資本の自由化、情報の自由化、あるいは司法の民主化が求められる。それに対して、一党独裁で社会主義国家である中国が、本当の意味で自由で公平な貿易を認めるはずがない。つまり、中国の言う「自由化」は、自国にとって都合がいい部分に限った話なのだ。

中国が外資の投資を制限していることはよく知られていることだ。

たとえば、自動車メーカーや証券、生命保険、商品先物などの事業に対する中国側株式比率が50％を下回ってはならないと決まっているし、インターネット関連企業は一部を除き、外資を締め出している。

つまり、中国共産党は、自国の企業が自分たちの影響下から外れることは決して許さない。しっかりと支配下に置いておきたいのだ。

日本やアメリカにとって、そんな国が公正な投資の対象国になるわけがない。

その一方で中国は、日本やアメリカに好き放題に投資している。もし、貿易の自由化を求め、公正な国際秩序を維持しようとするならば、中国内での資本取引の自由も認めるのがスジだろう。しかし、中国は一党独裁を続ける限り、それはできない。

つまり、今、中国が世界に発信している「自由で公平な貿易の支持と、公正な国際秩序の維持に向けた積極的なシグナル」はハナから矛盾した主張なのである。

さて、そこで米中貿易戦争だ。

今のところ、米中は報復関税をかけ合うという形でやっているが、結果は「中国だけが損をする」ということになるだろう。なぜなら、アメリカが中国に輸出している額より、中国がアメリカに輸出している額のほうがはるかに大きいからだ。つまり、両国間の貿易が縮小すればするほど、アメリカがこうむる損失より、中国の損失が大きくなっていくということだ。

ジェトロ（日本貿易振興機構）の『世界貿易投資報告 2017年版』（図⑦）によると、2016年の中国の輸出と輸入を合わせた貿易総額は3兆6856億ドル（輸入額1兆5879億ドル、輸出額2兆976億ドル）で、そのうちアメリカへの輸出額は3851億ドル、アメリカからの輸入は1344億ドルと、2507億ドルの黒字だった。

また、中国税関総署が2018年1月に発表した2017年の貿易統計によると、中国の貿易総額は前年比11％超増の4兆1044億ドルとなり、3年ぶりに前年実績を上回り、そのうち、アメリカへの輸出額は11・5％増、アメリカからの輸入額は14・5％増といずれも伸び、対米貿易収支は2758億ドルの黒字となったとしている。

トランプ大統領にしてみれば、この対中貿易の不均衡を正すとの名目で、中間選挙を乗り切りたいと考えているわけだが、中国が一歩も引かずに戦う姿勢を見せるなら「もう中国との貿易はやめましょう」ということにもなりかねない。そうなって困るのは圧倒的に中国のほうだ。

さらにもう一つ、中国にとって不利なことがある。それはアメリカへの投資が膨れ上がっていることだ。これが、「はじめに」で書いた、中国の対米貿易黒字は対米投資増とパラレルという証だ。

中国商務省が2016年に発表したところによると、2015年の中国企業の対外直接投資額（金融を除く）は、総額で1180億ドルとなり、前年比で15パーセント増加し、過去最高を記録したという。また、ジェトロの「地域・分析レポート　転機を迎える中国企業の対外直接投資」によると、2016年の段階で、中国の対外直接投資は総額1831億ドルに達し、アメリカに次ぐ世界第2位になったとしている。

ちなみに、同レポートによると、2015年末の中国のアメリカに対する直接投資残高は、2010年末比3倍超となる148億ドルに達していたとしている（図⑧）。

これは、中国政府が1999年に、海外投資を推進する「走出去《ゾウチュウチィ》」（英訳：GO Global）戦略を打ち出した結果である。

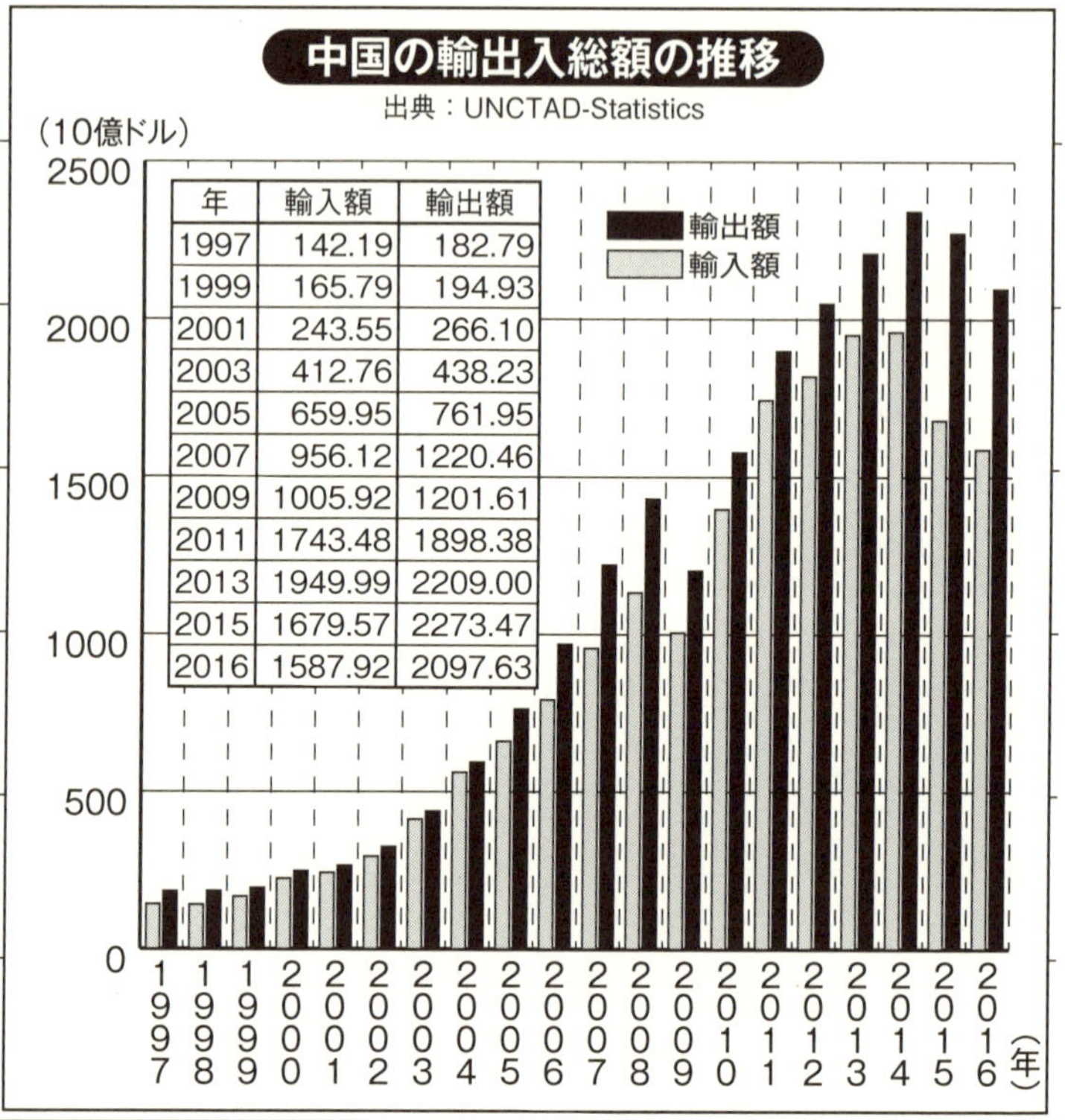

年	輸入額	輸出額
1997	142.19	182.79
1999	165.79	194.93
2001	243.55	266.10
2003	412.76	438.23
2005	659.95	761.95
2007	956.12	1220.46
2009	1005.92	1201.61
2011	1743.48	1898.38
2013	1949.99	2209.00
2015	1679.57	2273.47
2016	1587.92	2097.63

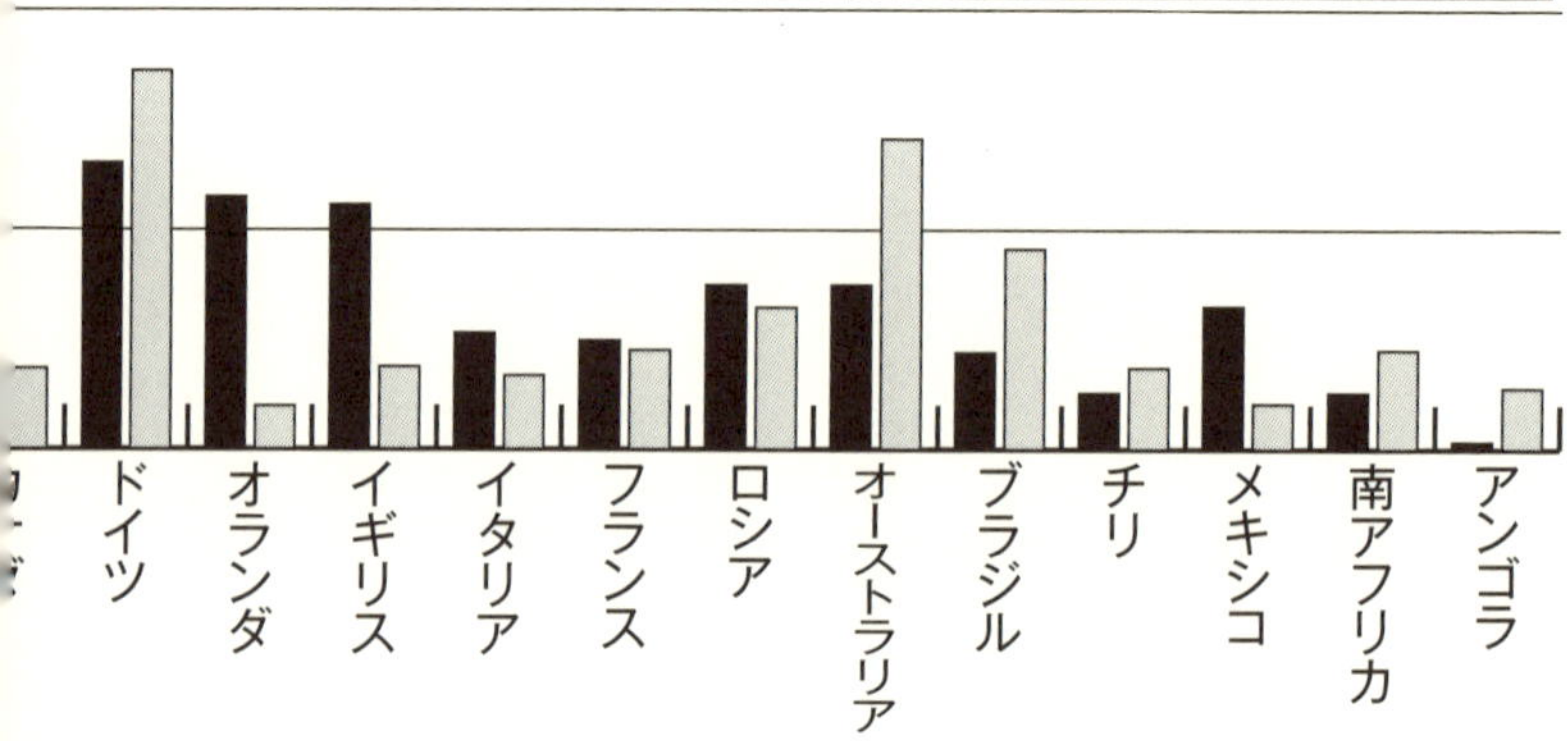

図⑦ 中国の主要国・地域別輸出入額（2016年）

出典：ジェトロ『世界貿易投資報告』(2017年版)

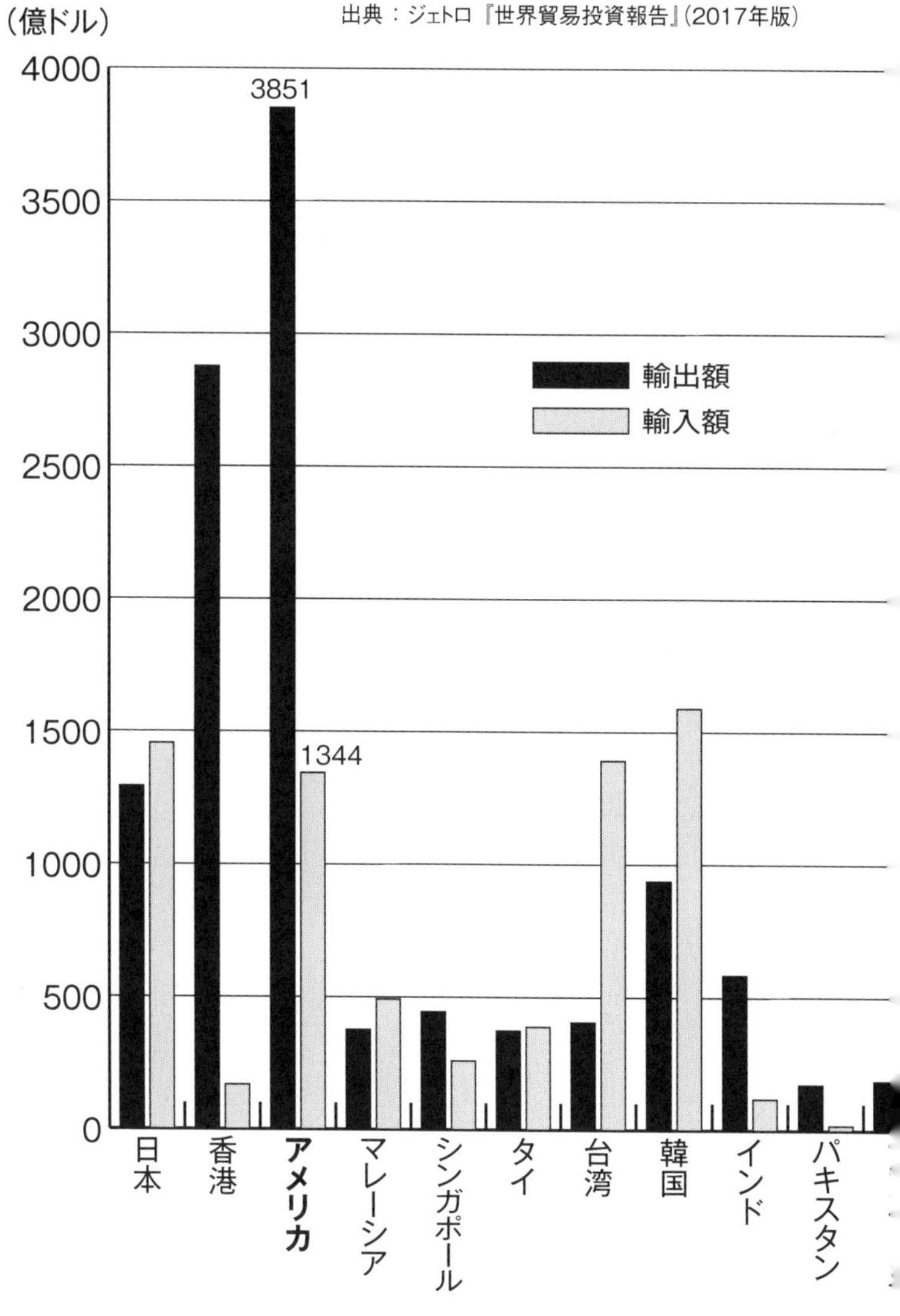

走出去とは、中国における積極的な海外進出を意味する語で、中国企業による海外への投資や、中国の企業トップや指導者などによる外遊・外交活動などを指す。

その投資額は、中南米やアジア諸国を中心に２０００年前後から増え始め、２０１２年末の中国企業の進出先は１７９の国と地域におよび、対外直接累計額は５３１９億ドル、資産総額２兆３０００億ドルまで激増した。

当初、走出去の主な目的は海外市場の獲得やエネルギー資源の獲得などだった。だが、それが徐々に先進国の最先端技術を獲得するための目的に変わっていったのだ。

たとえば、２０１６年には、安邦保険集団によるストラテジック・ホテルズ・アンド・リゾーツ、ハイアールによるゼネラル・エレクトリック家電部門、海航集団によるＩＴ流通大手イ

図⑧ 中国の直接投資残高（2015年末）

出典：ジェトロ「地域・分析レポート」（転機を迎える中国企業の対外直接投資:2017年12月21日）

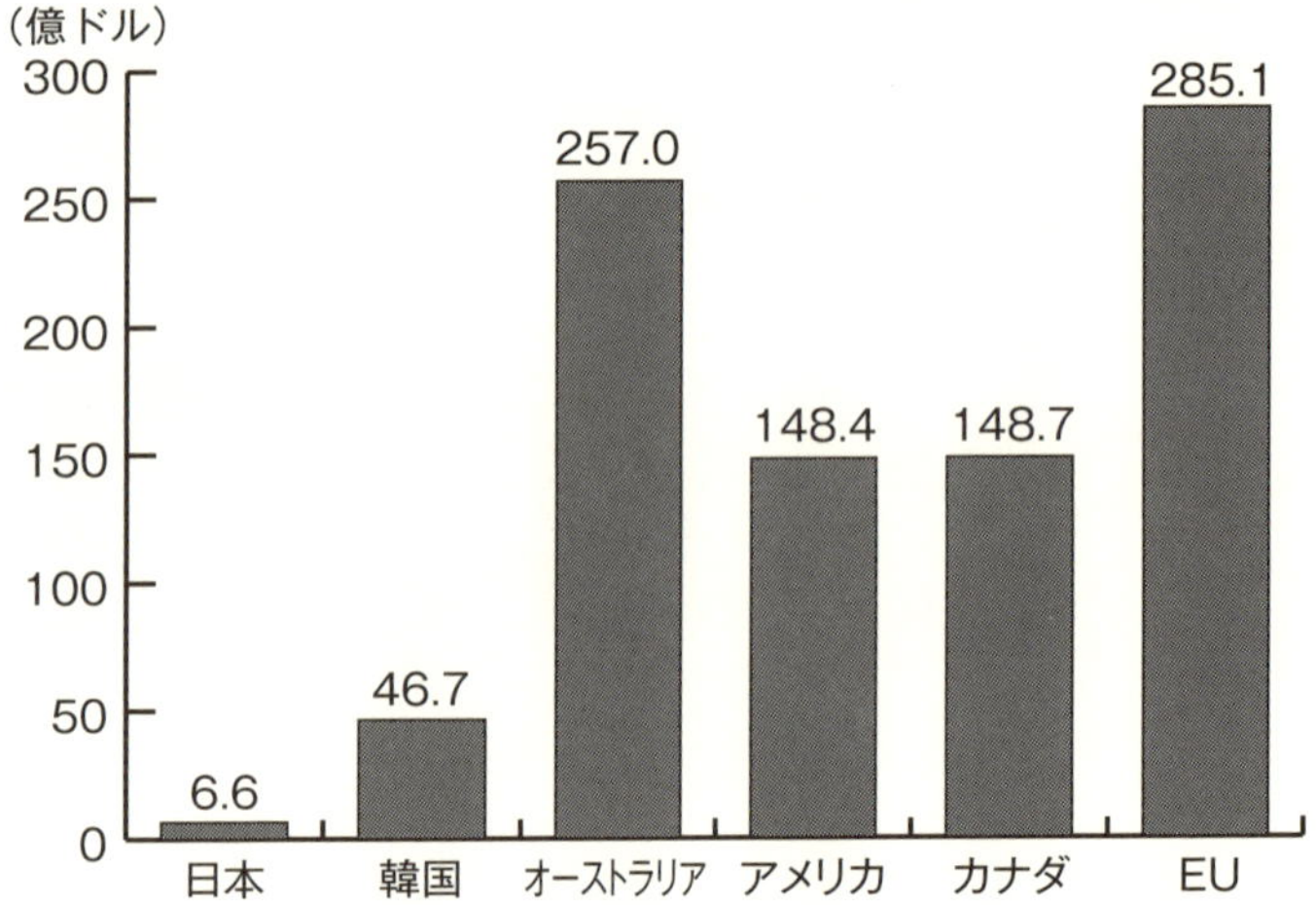

ングラム・マイクロの買収など、多くのアメリカ企業に対するM&Aが行われたことは記憶に新しい。

しかし2016年11月、中国政府は一転して、こうした対外投資に対する管理を強化した。国内からの資本流出や人民元安を懸念した結果だとされているが、それでもなお中国が巨額の対外投資残高を持っていることは間違いない。

そんな状態で、もし、このまま米中の対立が続き、アメリカが「もう中国への投資も、中国からの投資もご破算にしましょう」と言い始めたら中国はたまらない。

それこそ中国が軍事力に自信があれば、武力衝突に発展しかねないところだが、まだアメリカと全面対決をするだけの軍事力がないことは明らかだ。だから、じっと報復関税の応酬となっている貿易戦争を耐えるしかない。

いずれにせよ、米中貿易戦争は長引けば長引くほど中国が不利になっていく構図になっているのである。

アメリカを怒らせた「中国製造2025」と「次世代AI発展計画」

それにしても、突然始まったかに見える米中貿易戦争だが、実はかなり以前から火種はくすぶっていた。

そもそも、中国がこれほど急激な経済発展を遂げたのは、安い労働力を求めた先進国が、中国に資本を投下して工場を展開したからだ。

中国には資本の自由がなかったが、日本の企業にしろ、アメリカ、ヨーロッパの企業にしろ、とりあえず目先のビジネスを展開する上で、それほど大きな問題ではなかった。中国の安い労働力を都合よく使えればよかっただけで、わざわざ大きな資本を投入して、現地企業の支配権を握る必要も感じていなかった。

それは中国政府も承知の上だったから、自国民が安い給料でこき使われるのを見て見ぬふりをしていたし、なりふり構わず、外資の導入を推し進めていった。

しかし、そうした外資で急激に潤った中国は、今度は外国企業を買収して最先端の技術を盗むようになっていった。これは先進諸国にとっては見逃せない、大きな問題だった。

なにしろ、中国は巨額の開発費をかけた先進国の最先端技術を不法にパクり、それを使った製品を安く売りつけてくるのだから、国内産業が受けるダメージは大きい。

先進諸国がようやくそれに気づき、国際的にも大きな問題となりつつあった2015年5月、中国国務院が　製造業の持続発展とグレードアップを目指すとして、「中国製造2025」という通達を発した。

それによると、2025年までの第1段階で「製造強国」の仲間入りを果たし、2035年までの第2段階で中国の製造業レベルを世界の製造強国陣営の中等レベルにまで到達させ、さらに中国建国100周年となる2049年までを第3段階として、「製造大国」としての地位を固め、総合力で世界の製造強国のトップクラスに立つ、という目標が掲げられていた。

さらに、2017年7月には「次世代AI発展計画」なるものも打ち出した。そこには次のような目標が設定されていた。

2020年までに

・人工知能の全体的な技術水準と応用能力が世界トップレベルの国々と併走する。

・人工知能関連産業が経済成長の新しいエンジンとなる。

・人工知能技術が国民生活水準を改善する新しい手段の一つになる。

（この段階でAIの中核産業規模は1500億元（225億ドル。1元＝0・15ドル）、関連産業も含めた規模は1兆元（1500億ドル）を目指す）

2025年までに

・人工知能の基礎理論におけるブレークスルーを実現する。

・一部の人工知能技術及び応用能力は世界をリードする。

・人工知能技術は産業構造転換及び経済発展方式転換の原動力となる。

・スマート社会に向けて新しい進展を実現する。

（この段階でAI中核産業の規模は4000億元（600億ドル）、関連産業も含めた規模は

5兆元（7500億ドル）を目指す）

2030年までに

・人工知能の基礎理論、技術及び応用能力が世界をリードし、人工知能技術に基づいたイノベーションのハブの1つになる。

（この段階でAI中核産業規模は1兆元（1500億ドル）、関連産業規模は10兆元（1兆5000億ドル）を目指す）

（出典：科学技術振興機構　研究開発センター　デイリーウオッチャー）

しかし、先端技術を盗んでおいて、製造強国を目指すというのはあまりにも虫のいい話だった。

トランプ大統領は、それに対して、2017年12月には、AIを戦略的技術と位置付ける「国家安全保障戦略」を公表し、「中国企業がアメリカの知的所有権を盗んでいるばかりか、サイバー攻撃を通じて核心的技術を不当に利用している」と、中国への対抗をむき出しにした。

米中貿易戦争第2幕

図⑨にこれまでの米中貿易戦争の推移をまとめたが、この中でそれが色濃く表れたのが、2

図⑨ 米中貿易戦争の推移

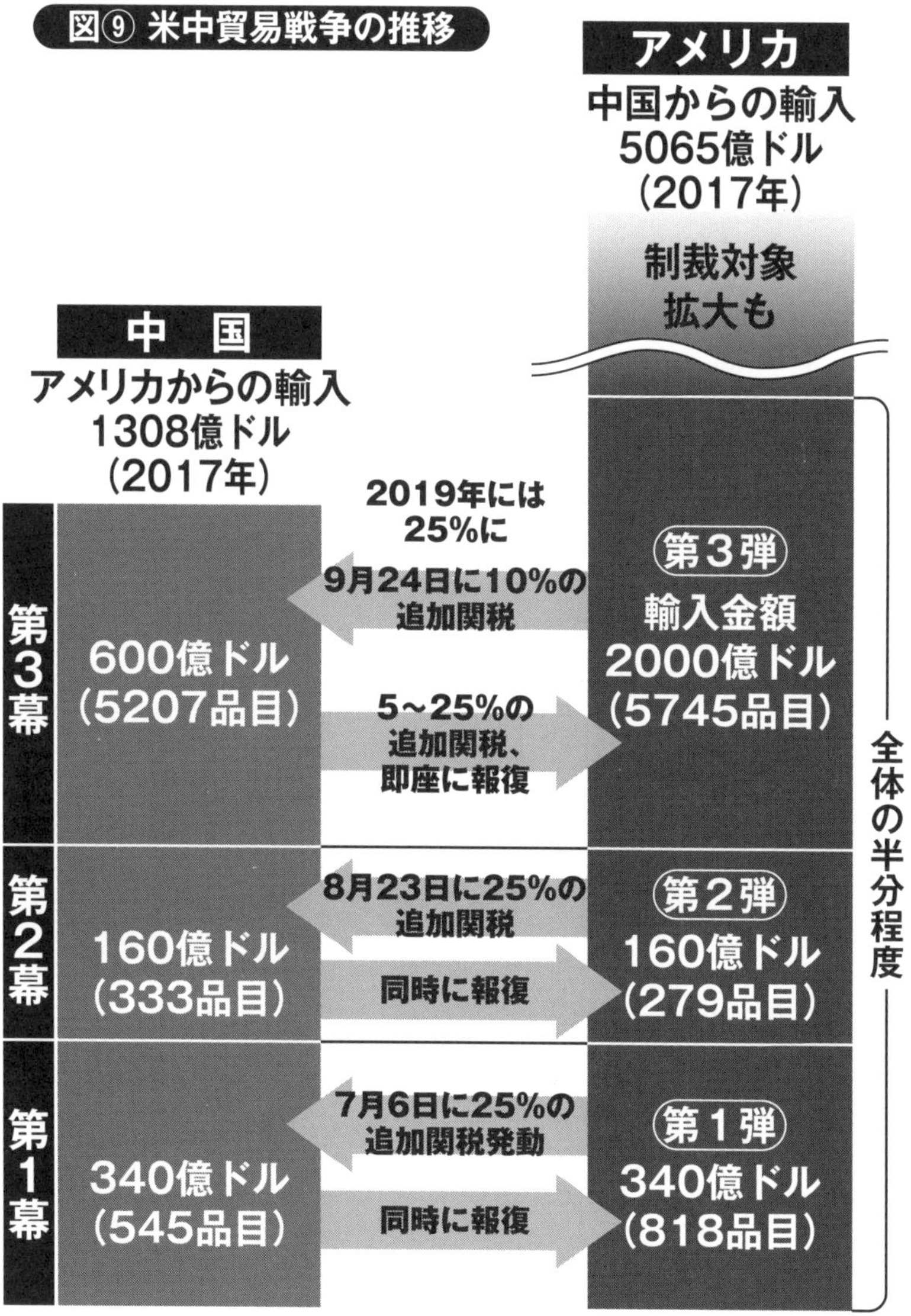

アメリカ
中国からの輸入
5065億ドル
(2017年)
制裁対象
拡大も
中　国
アメリカからの輸入
1308億ドル
(2017年)
2019年には
25%に
9月24日に10%の
追加関税
5~25%の
追加関税、
即座に報復
第3幕
600億ドル
(5207品目)
第3弾
輸入金額
2000億ドル
(5745品目)
全体の半分程度
第2幕
160億ドル
(333品目)
8月23日に25%の
追加関税
同時に報復
第2弾
160億ドル
(279品目)
第1幕
340億ドル
(545品目)
7月6日に25%の
追加関税発動
同時に報復
第1弾
340億ドル
(818品目)

018年8月23日に、トランプ大統領が発動した対中制裁関税第2弾である。

中国人投資家が25％以上出資する企業が、重要な技術を持つアメリカ企業を買うのを阻止する方針を打ち出しつつ、制裁関税第1弾に続く制裁関税第2弾を発動したのである。

これは、米通商法301条に基づき、半導体や化学品、鉄道など279品目（160億ドル相当）に25％の関税を上乗せするというものだった。

この対中制裁関税第2弾の対象は前述した「中国製造2025」に挙げられた分野を狙ったものだったが、この時点で、7月7日に発動した第1弾の制裁関税と合わせて500億ドル相当の中国製品が対象となり、中国からアメリカへの輸入総額の1割に匹敵する規模となった。

むろん、これに中国も黙ってはいなかった。すぐにアメリカの自動車、鉄鋼、銅など、333品目に25％の追加関税（160億ドル相当）をかけて報復すると同時に、中国商務省が「中国側は強く反対するとともに、必要な反撃を続けざるを得ない」との報道官談話を発表し、近々、WTOに提訴するとした。

「対中制裁関税第3弾」で泥沼化？

さらにトランプ政権は、前述した対中制裁関税第3弾を9月に予定し、リストづくりを進めていた。そのリストには、トイレットペーパーといった日用品から、家具、タイヤ、自転車など約６０３１品目が並んでおり、総額２０００億ドルになると見られていた。

その第３弾と、第１弾、第２弾を合わせると計２５００億ドル、日本円にして約27兆５００0億円規模となり、アメリカが中国から輸入しているものの、およそ半分が制裁関税の対象となる。

それに対し、中国もアメリカから輸入しているＬＮＧ（天然ガス）や中型航空機など５２０7品目（６００億ドル相当）に、５～25％の追加関税をかけてくると見られていた。

こうした米中の応酬に対して、国際社会からは「そうなれば、中国が大きな痛手を受けることはもちろん、アメリカ経済に与える影響もかなりのものとなることは避けられない」と指摘する声も上がった。

そんな中、トランプ大統領は９月17日、制裁対象品目をおよそ３００品目削除した上で、制裁関税第３弾（約２０００億ドル相当）を９月24日に発動、上乗せする税率は当初10％とし、２０１９年から25％に引き上げるとした。

これに対して中国も同時に報復措置を取り、米中貿易戦争はますます泥沼化することが必至となり、たとえばＷＴＯのアゼベト事務局長が「両国には多くの〝弾薬〟があり、正直これで終わりとは思えない」などと懸念を表明した。

そして９月24日、両国が追加関税を発動して、米中貿易戦争第３幕が、実際に切って落とされた。

さすがに両国間で解決の糸口を探る動きも出てきているが、トランプ大統領は、以前から「急ぎすぎても、取引はよいものにならない。チキンを料理するときと同じだ」などと発言、強気の姿勢を崩しておらず、米中貿易戦争が長期化することは免れない状況だ。

一方、9月26日、安倍総理はトランプ大統領とニューヨークで会談し、二国間による「TAG（Trade Agreement on Goods：物品貿易協定）」の締結に向け、関税協議を含む新たな通商交渉に入ることで合意、協議中はアメリカ側による自動車への追加関税の発動を回避するとした（TAGは、工業製品や農林水産品などの物品の関税の引き下げや撤廃を進める協定で、FTAと違い、投資やサービスは含まれない）。

また安倍総理が、農林水産品についてTPP（環太平洋連携協定）の水準までしか関税引き下げを認めない方針を伝えたのに対して、トラン大統領はそれを尊重するとし、「日米は信頼関係に基づき、議論を行う」という共同声明を発表した。

この日本に対して甘いと言ってもいい決着は、まさに筆者が予測していた通りだった。安倍総理とトランプ大統領によって、強固な対中包囲網がつくられつつある。

いずれにせよ、筆者は、トランプ大統領VS習近平国家主席の貿易戦争は、すでにトランプ大統領の勝利に終わっていると見る。第二章で、それについて詳しく述べることにする。

第二章

「アメリカ勝利」が見えている米中貿易戦争

米中貿易戦争はトランプ大統領の勝ち！

中国にとって、アメリカは最大の輸出国だ。関税が高くなり、モノが売れなくなって困るのは、前述したように圧倒的に中国のほうだ。習近平国家主席はあくまで強気な発言は続けているが、非常に苦しい立場だ。

また中国は、さかんに「アメリカはＷＴＯ（世界貿易機関）ルールに反し、経済史上で最大規模の貿易戦争を仕掛けた」「トランプ大統領は世界の自由な貿易を危機に陥れようとしている」と、ことあるごとにアメリカを批判し、トランプ大統領の保護主義政策を牽制《けんせい》しているが、それも中国にとってはもろ刃の剣だ。

トランプ大統領は、２０１８年7月20日、「中国は為替操作をしている」と批判すると同時に、中国からのすべての輸入品に高率の関税を課す用意があると警告した。中国政府は決して認めないが、歴史的に中国当局が為替を操作して、人民元を安値に誘導してきたことは周知の事実である。

だが今後、中国が世界から、「自由な貿易を望むのなら為替の自由化（変動相場制への移行）が必要だ」と迫られることになれば、にっちもさっちもいかなくなる。為替の自由化は資本の自由化を意味し、必ず「外国資本が中国に対して自由に投資するのを認めろ」という話になるからだ。

中国政府は今、外資の出資枠に上限を設けているし、進出してきた企業には、中国共産党に従うように定款を書き換えさせ、外資に支配権を持たせないよう、徹底的にガードしている。それを許せば、中国共産党一党による支配体制を崩すことになるからだ。

そしてもし、米中貿易戦争がガチンコのまま進めば、最終的には、資本の自由化と関税の自由化というところにまで行きつき、やがて共産党独裁の体制崩壊に近づくことになる。筆者は、トランプ大統領が狙っているシナリオは、そんな筋書きなのではないかと見ている。

そういう意味では、米中貿易戦争の今後はかなりの見物である。下手をして中国国内で現体制に対する不満が爆発するようなことになれば、習主席のクビが危なくなる。それだけに中国政府も必死だろう。

そもそも、筆者がこれまでいろいろなところで何度も言ってきたことだが、自由主義経済は一党独裁体制の下では成り立たないものなのだ。

「国際金融のトリレンマ」という言葉がある。国際金融政策において、3つの政策を同時に実現することができないことを指す。その3つとは、「①自由な資本移動、②独立した金融政策、③固定相場制」であり、同時に実現できるのは2つだけだという理論だ。

この理論に従うならば、①の自由な資本移動を禁じている中国が、②の独立した金融政策を確保しようと思うなら、③の固定相場制を選択するしかないことになる。

だが、固定相場制では、十分な金融政策を行うのが難しいのだ。

固定相場制を採用している国なら、金融政策を変更すれば、その影響をすぐに為替相場に及ぼすことが可能である。たとえば、政策金利を引き下げれば、市場がすぐに反応して通貨は安くなる。ところが、固定相場制の場合、金融緩和しても市場はあまり反応しない。仮に多少の効果があったとしても、国内にとどまり、国際的な影響は減殺されてしまう。つまり、基本的に固定相場制をとっている中国がいくら金融緩和をしても、人民元の水準はなかなか変化しないのだ。

金融政策の効力を対外取引にまで及ぼそうと思うなら、資本・投資を自由化し、固定相場制を捨て、変動相場制に移行しなければならない。しかし、それでは中国の社会主義体制が崩壊しかねない。といって、金融政策を使えないとなると、インフレなどで国民の不満が生じかねない。どっちにしても、中国は袋小路に入り込んでいるのだ。

いずれにしても、トランプ大統領が米中貿易戦争で手をゆるめる気配は皆無である。徹底的に中国を叩《たた》いてくる。そして、ガチンコが長引けば長引くほど、中国の逃げ道はなくなっていくのである。

老猾なマハティール首相

このような動きを見ているのが、マレーシアである。90歳を超えて首相に返り咲いたマレーシアのマハティール首相が、中国の「一帯一路」戦略の高速鉄道建設中止や、消費税廃止などの政策を打ち出している。

8月下旬にマハティール首相が中国を訪問したことに対して、中国を牽制《けんせい》するものだとの見方がある一方、両国は関係修復をし「一帯一路」でも協力するという報道もあった。

前政権が中国政府系企業と契約した「東海岸鉄道」など個別プロジェクトを中止することは明確だ。マハティール首相の訪中時の報道が分かれているのは、個別プロジェクトの中止に力点を置くか、「一帯一路」全体へ協力すると言ったことを重視するかの差であろう。

筆者としては、マスコミ報道の前者と後者の差について、中国経済の今後の見方に関係していることが興味深い。

前者は、中国経済の拡張が頭打ちになっていることを示唆しているが、後者は相変わらず中国経済が発展することを前提にしている。

これは、米中貿易戦争をどのように報道するかにも関わっている。前者は、トランプ政権が仕掛けた貿易戦争によって中国が追い込まれるというシナリオであり、後者はトランプ政権は保護主義であり、WTOルールに反する不公正なものだとトランプ政権を糾弾する。

たしかに、モノだけを見ればトランプ政権の関税引き上げ戦略は自由貿易に反するが、筆者は、トランプ政権のやり方は政治的にかなり賢い戦法だと思っている。

まず、トランプ政権は単純に米中間の経常赤字だけを問題にしていない。アメリカが対中経常赤字になると、複式簿記の原理で対中資本黒字になりやすい。つまり、アメリカが対中経常赤字ということは、それだけ中国からの対米投資になっているというわけだ。

トランプ政権は、この点について中国は自由にアメリカに投資して、その中で知的財産権を盗み、アメリカに損害を与えているという論法だ。これに対抗するためには、中国は対米経常黒字を少なくするか、さもなければ、アメリカにも対中経常黒字の可能性を残し、中国が資本取引を自由化するしかない。

前者は中国経済の鈍化になるし、後者は先に述べたように、中国の一党独裁・共産主義体制の崩壊にもつながり得る。つまり、アメリカは対中貿易戦争では負けないような手を打ってきているのだ。

アメリカの対中の仕掛けをつぶさに見ると、中国経済の先行きには楽観的になれない。おそらくマハティール首相もそれを感じ取って、前政権よりやや突き放したスタンスなのだろう。

もちろん、マハティール首相は老獪《ろうかい》な政治家なので、中国にも一定の配慮を見せている。そして、今回の米中貿易戦争の際に、前政権の対中スタンスを少し変更し、消費税廃止で内需振興に転じたのは、政治的に巧妙な判断だと言える。

日本は「高みの見物」でいい

この米中貿易戦争で日本が大変なことになるのではないかと心配する人々がいる。世界経済が冷え込むのではないか、円高が進むのではないか、せっかく上がりつつあった株価が下がるのではないか、というわけだ。

しかし、そんな心配は不要だ。多少の影響はあるだろうが、日本は関係ないから高みの見物を決め込んでいればいい。

むしろ、トランプ大統領が中国叩きに走っている間は、トランプ大統領の攻撃の矛先が日本に向かってこないのだから、日本にとってはありがたい。

いずれにせよ、米中貿易戦争は、しばらくはエスカレートしていくだろう。

しかし、報復に報復を重ねているうちに、中国のほうがアメリカに対して報復関税をかけるモノがなくなってくる。

そうなると、中国は為替操作で対抗するしか手がなくなる。それに対してトランプ大統領はまたまた怒りを爆発させ、為替の自由化と資本の自由化を迫るようになる。

そうなったときが、実は本物のガチンコ米中貿易戦争だ。そして、中国はもう体制崩壊を回避するために「もう報復関税はしません」「輸出規制をします」と言うしかなくなるだろう。

ただし、中国にとってはそれもイバラの道だ。アメリカに対する輸出を抑えると、中国国内の経済はあっと言う間にしぼんでしまう。

その経済をなんとか維持しようとすれば、内需を拡大するしかないが、それだけの経済力は育っていないからだ。

一党独裁の中国に残されたイバラの道

そもそも、中国からアメリカへの輸出を担っている企業の7割くらいは外資である。香港経由で中国に進出している外資系会社が、モノをつくり、アメリカに輸出していた。

ただし、そうした外資は前述したように出資を制限されており、株を50％以上は持てないようになっている。そんな会社は中国に対して感情的な未練はない。だから、儲《もう》からないとなれば、さっさと引いていく。

ここ数年、中国の経済成長率がどんどん下がっているが、実はその影響が大きい。すでに中国でのビジネスに未来がないと読んだ外資はどんどん逃げ出しているのだ。逃げた外資は東南アジアに向かう。外資（国際資本）は、東南アジアに行って、そこでモノをつくり、アメリカに輸出するようになる。

中国はこれまで外資を入れて、その金で経済を回していたが、もうそれができなくなる。

つまり、中国が一党独裁である限り、今以上の発展は難しいということだ。

「一党独裁のままでなんとかする、何かうまい手がありますか」と聞かれても、「それはない」としか言いようがない。

歴史的に見ても、一党独裁で大きく経済成長した国は存在しない。

確かに中国の経済成長率が6〜7％とされた時代もあったが、そもそもつくった数字だから信用できる数字ではない。実際はもっと低い数字で終わっていたはずだ。しかも外資に依存した経済だったのだから、その外資が逃げ出したとたんに、経済成長はピタリと止まってしまう。

だからと言って中国がなくなるわけではない。単に中国共産党一党支配が終わるかどうかということにすぎない。

しばらく前、「中国破綻論」が流行《はや》ったが、そもそも経済統計そのものがすべてつくりものだったのだから破綻するもしないもない。中国共産党一党支配が終わった後は、わけのわからない、混沌《こんとん》とした状態になるだけのことである。

中国がそんな状態になるのがいつのことなのか。

それはわからないが、いずれにせよ、アメリカとの貿易戦争に負けた後、習近平国家主席の体制がどうなるかという話である。

彼は、今や皇帝のような存在になっているが、国民の間では、中国共産党指導に不満を持っている人が急増している。そんな中、成果が出せないで、貿易戦争でアメリカに負けたら、中

（出典:IMF - World Economic Outlook Databases　2018年は推定値）

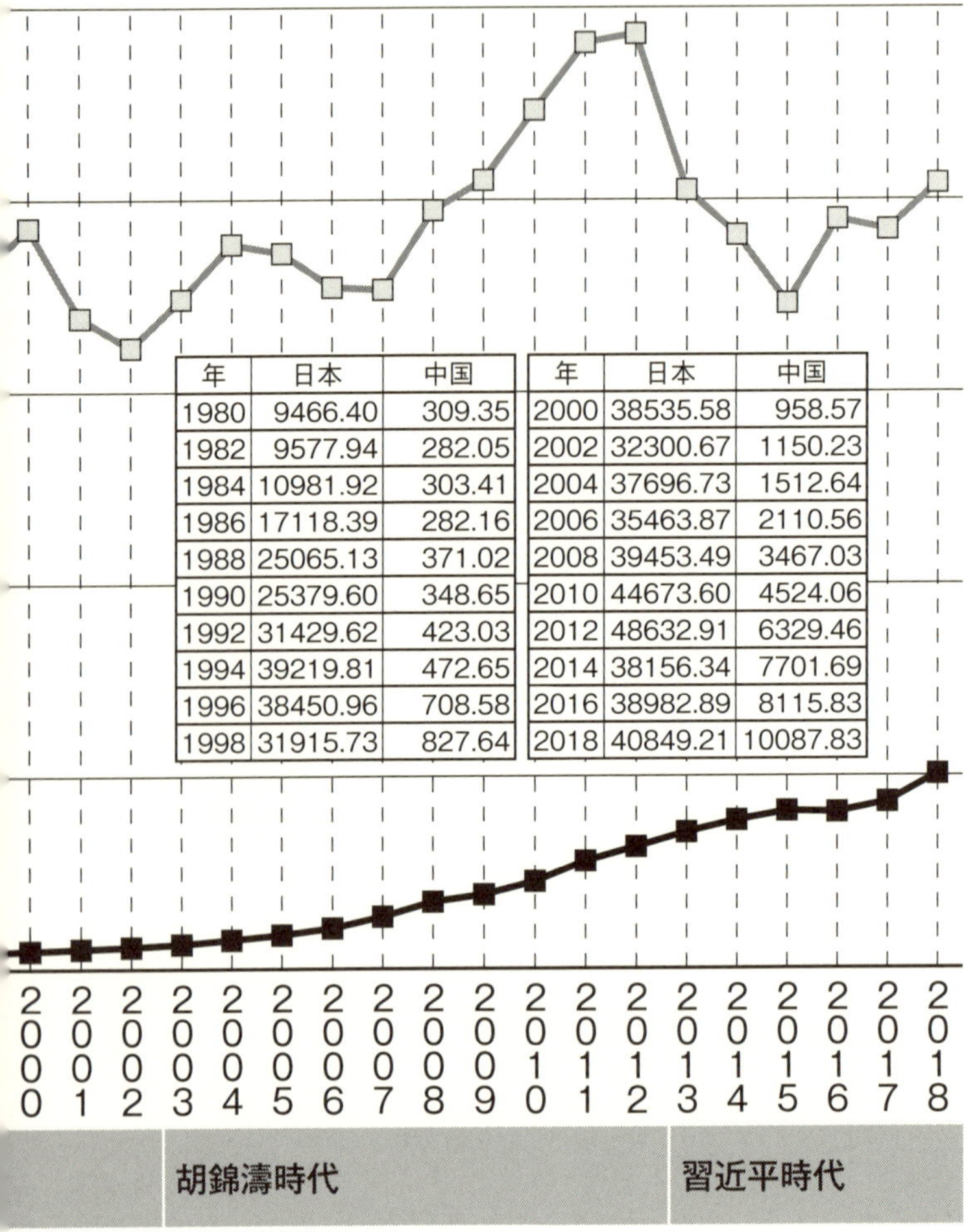

年	日本	中国	年	日本	中国
1980	9466.40	309.35	2000	38535.58	958.57
1982	9577.94	282.05	2002	32300.67	1150.23
1984	10981.92	303.41	2004	37696.73	1512.64
1986	17118.39	282.16	2006	35463.87	2110.56
1988	25065.13	371.02	2008	39453.49	3467.03
1990	25379.60	348.65	2010	44673.60	4524.06
1992	31429.62	423.03	2012	48632.91	6329.46
1994	39219.81	472.65	2014	38156.34	7701.69
1996	38450.96	708.58	2016	38982.89	8115.83
1998	31915.73	827.64	2018	40849.21	10087.83

図⑩ 中国と日本の1人当たりの名目GDPの推移

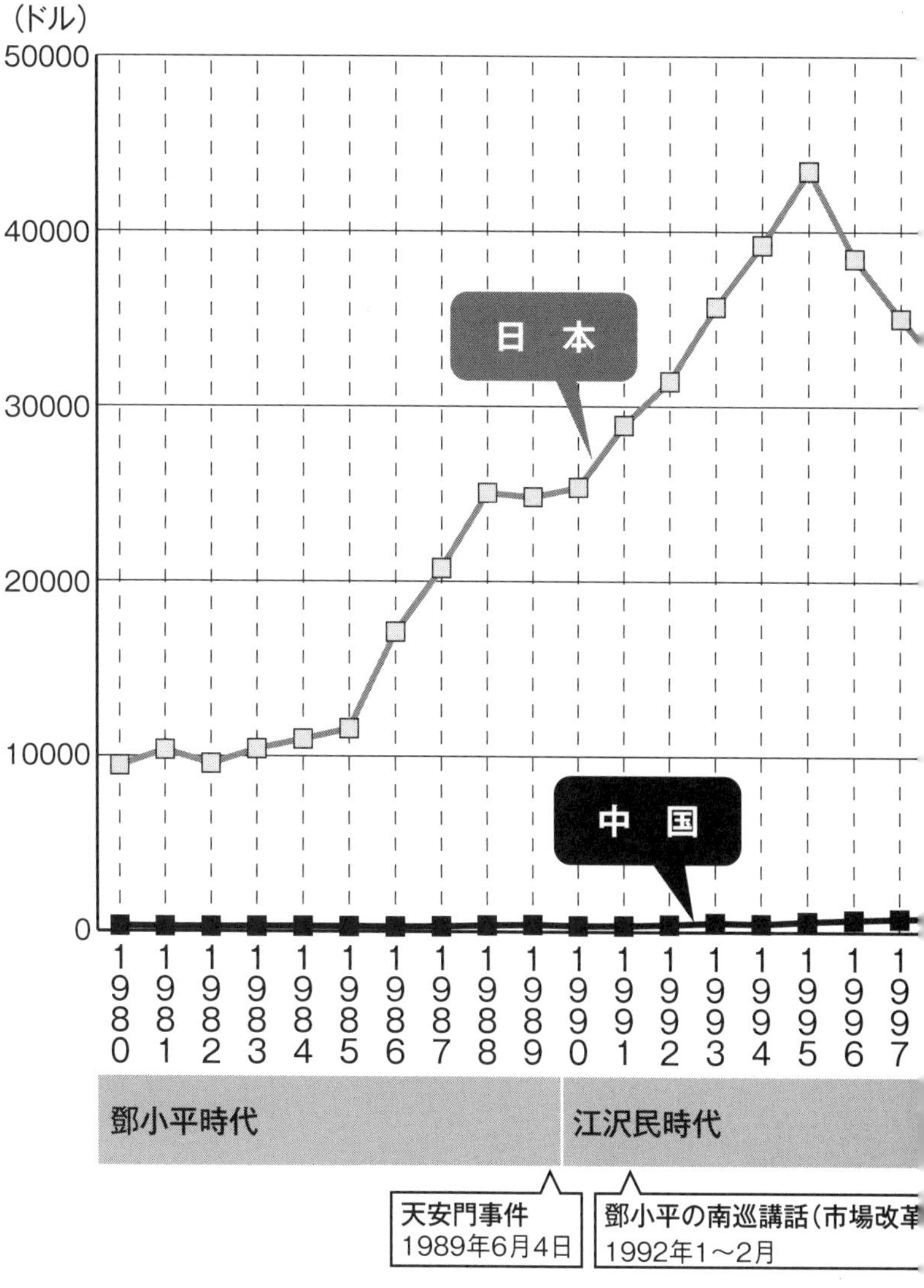

国国民の不満は爆発する。

国際経済の話をするときによく出てくる話で、「中所得国の罠《わな》」というのがある。

一般に中所得国とは、1人当たりのGDP（国内総生産）が3000ドルから1万ドル程度の国を指すが、それ以下の低所得国から中所得国になれる国は多いが、中所得国から高所得国に成長するのは難しいという話だ。

中国の現状を見ると、まさにこの話に当てはまる。1980年、中国の1人当たりの名目GDPを、当時の為替レートで換算すると、300ドルをわずかに超える程度だった。それが、2001年に1000ドルを超え、2008年には3000ドルを超え、2015年には8000ドルを超えたとされる（図⑩）。

しかし、その伸びにかつての勢いはなく、2018年にようやく1万ドルに届いたという。

ここから先は、プラスアルファがないと成長しないが、筆者は、そのプラスアルファを手にするには、中国政府が、経済的自由に加えて、政治的自由を受け入れるしかないと思っている。

アメリカ合衆国の経済学者ミルトン・フリードマンは、「経済的自由がない社会では政治的・社会的自由は最終的には失われる」と言ったが、逆に言うなら、「政治的自由がない国に経済的自由はない」ということである。

その政治的自由を生むには公正な選挙と人権を守る仕組みが必要だ。しかし、共産党一党支配の中国にはそれがない。

2018年7月にNHKスペシャルで放送していた『中国〝法治〟社会の現実 消えた弁護士たち』は面白かった。

中国共産党は弁護士に対して、法律ではなく共産党の指導に従うことを強制する。そして、それに反発する弁護士が拉致されているというのだ。

結局、中国の体制はすべてが共産党なのだ。憲法も共産党に従え、司法も共産党に従え、行政も共産党に従え、であり、それに従わない弁護士はどんどん消されていく。

中国が「中所得国の罠」から抜け出せない理由はそこにある。そして、ソ連がそうだったように、ある日突然崩壊する可能性が限りなく高くなっている。

ちなみに筆者は、中国で不良債権の処理の専門家ということになっているらしく、北京や大連の人民銀行の人が不良債権の処理の仕方を聞きたいとやってくる。ただし、慎重に対応することにしている。なぜなら、中国に行ったときに拘束される可能性があるからだ。

中国に技術者を引き抜かれている日本

ところで、トランプ大統領が声高《こわだか》に叫んでいる知的所有権の問題だが、日本もかなりの被害を受けている。

たとえば、2012年5月に、新日鐵が、韓国の鉄鋼メーカーであるポスコと新日鐵の元技術者を提訴した。１９９０年代に新日鐵が数十年と数百億円をかけて開発していた「高性能鋼板」の技術を、元技術者がポスコに流していたのだ。

また２０１４年には、東芝のパートナー企業であるサンディスクの元技術者が、東芝のＮＡＮＤ型フラッシュメモリの研究データを、韓国のＳＫハイニックスに不正に提供したことが明るみに出て、逮捕されたこともあった。

だが、そうして表沙汰になるのは、氷山の一角にすぎないだろう。仮に技術の漏出があったとしても、起訴することで技術情報がオープンになるのを恐れたり、管理の甘さを指摘されることを避けるために表に出さないケースが多い。また、技術革新が目まぐるしく進む中、時間がかかる訴訟を起こして賠償金を取れたとしてもペイしないと判断して泣き寝入りする場合も多いからだ。

また、日本の場合は、そういう形で先端技術を盗まれる以前に、技術者や研究者を引き抜かれるという情けない状態になっている。企業が、優秀な労働者、技術者、研究者をうまく使いこなせず、人材が中国や韓国の企業に引き抜かれているのだ。当然、彼らの持っていた技術や知識は、中国や韓国の企業に吸い上げられている。

少々古いデータだが、２００６年、経済産業省が、この問題について、「我が国製造業における技術流出問題に関する実態調査」を行った。

そのとき、35％以上の製造関係企業が「技術流出があった」とし、流出先については、63・

5%の企業が中国、34・1%の企業が韓国と回答。また、「コアな人材の引き抜きについて脅威を感じるか、また、どこの国・地域からの引き抜きの脅威を感じるか」という質問に対して、50・9%の企業が「常に脅威を感じている」と答え、「中国からの引き抜きに脅威を感じている」と答えた企業が60・9%、「韓国から」と答えた企業が50・6%に上った。

そういう意味では、日本も知的所有権保護にもっと力を入れるべきだし、トランプ政権に追随して、中国からの投資にも制限をかけたほうがいいかもしれない。

中国は、自由貿易体制をうまく使って成長してきたということはここまで書いてきたが、「自由貿易体制をずっと使う気なら、資本の自由化をしろ。知的所有権も大事にしろ。それができないのなら、投資もさせない」というロジックで攻めるのがいちばん簡単だ。

確かに中国は経済的にアメリカに次ぐ国になった。軍備も増強している。それを潰そうとしてもなかなか難しい。一方、中国が先進国に投資をしているのは、M&Aで会社を手に入れて、最先端の技術を手に入れたいからだ。それができなくなったら大変だ。もう、最先端の技術を手に入れられなくなる。

今、中国は、電気自動車、ドローン、AIなど、目につくところに飛びついて、伸びている。しかし、元となった技術は中国がつくり出したものではない。もし、先進国への投資を止められたら、次世代につながる先端技術を独自に開発しなければならなくなるが、果たしてそれが中国に可能なのか。できなければ、新しいイノベーションが起こったときに、それについていけなくて、結局行き詰まることになる。

要するに自由貿易体制の中で中進国まではなったが、その後、さらに発展させることは難しい。それを中国もわかっているから、先進国への投資を加速させていたのだ。

ならば、中国の暴走を止めるためには、投資をさせないことだ。

中国共産党が恐れる〝本当の選挙〟

社会主義国が最終的に崩壊するのは、国民がある程度の豊かさや自由を手に入れ、不満を感じるようなったときである。今、習近平政権は、それを抑えようと躍起になっている。

中国経済成長が右肩上がりで国民の所得が上がっているうちは、それでもなんとか国民の不満を抑えておける。そういう意味では、中国経済が発展し、国民の所得が上がっていく限りにおいて、中国共産党による一党支配が崩壊することはないだろう。

しかし、それがいつまで続くかはわからない。中国の長い歴史を見ても、いろいろな王朝が勃興しては滅亡するという歴史を繰り返してきたが、筆者は、経済的な発展を続けていくには、政治的な自由が絶対に必要だと思う。

国民は、経済的な自由をある程度謳歌《おうか》すると、政治的な自由が必ず欲しくなる。経済的な自由と政治的な自由の両者が並立してこそ、国家はうまく機能していく。

その観点で中国共産党のこれまでのやり方を見ると、限定的に経済的な自由を与えて、民衆の不満を和らげてきた。実際、庶民もある程度の収入を得られるようになり、海外旅行にも行けるようになってきた。しかし、問題はこれからだ。

中国共産党にとっていちばん怖いのは、中国の国民が、今のように統制された選挙ではない〝本当の選挙〟を求めるようになることだ。

だから、中国共産党は、たとえば香港での選挙を絶対に許さない。

そもそも1997年、香港がイギリスから中国に返還の際、中国当局は「香港返還後50年間政治体制を変更しない」ことを確約した。「一国二制度」だ。しかし、それは守られなかった。

香港基本法（香港特別行政区基本法）には、2007年以降、行政長官や立法会（香港の立法機関）の選出方法を直接選挙に移行することが可能となると記されていた。だが、直接選挙が行われることはなかった。

2004年3月に全人代（全国人民代表大会）の常務委員会で都合よく基本法解釈を行い、2007年と2008年の行政長官や立法会における直接選挙への移行を否定した。

さらに、2017年の行政長官選挙についても、2014年8月の全人代常務委員会では中国政府の意に沿わない人物の立候補を事実上排除する方針を決定した。

中国共産党は、徹底して〝本当の選挙〟をやりたくないのだ。中国が、自国の一部であると主張する台湾の選挙に神経質になるのもそのためだ。国民の目に〝本当の選挙〟を触れさせたくないのである。

筆者は、中国の共産党支配を終わらせるには、中国国民に「選挙って面白い」と感じさせればいいと思っていた。たとえば、ＡＫＢ48を中国に進出させて、その売りの「総選挙」を中国でもやればいいのだ。きっと若者が盛り上がるはずだ、と——。

そう思って調べてみたら、上海にはＡＫＢ48を真似《まね》たＳＮＨ48というグループがあり、総選挙をやっていた。中国共産党としては苦々しいことかもしれないが、ＳＮＨ48で自由選挙の面白さを知った若い中国人たちが、いずれ声を上げる日が来るかもしれない。

それでも消えることがない中国の野望

今、習近平国家主席が目指している中国の未来は、アメリカと並んで世界を支配する覇権国家だ。２０１３年、彼が中国の最高指導者となり、訪米してオバマ大統領と会談したとき、「広い太平洋は米中両国を十分受け入れる余裕がある」と言い放った。つまり、中国とアメリカは〝新しい大国関係〟を結び、アジア太平洋地域を共同支配すべきだというのである。この習国家主席の発言は世界の注目を集めた。中国が海洋進出を目指していることがはっきりしたからだ。

そもそも中国は内陸支配を目指す国だった。清朝はその典型だ。１６３６年に漢民族の国である明に代わって、満州民族によってつくられた清は、その勢力をロシア国境近くの黒龍江流域から朝鮮半島、琉球、台湾、ベトナム、タイ、ミャンマー、ネパール、チベット、モンゴルまで広げた。しかし20世紀に入ると、西欧列強や日本が中国に進出した。その結果、半ば植民地のような状態となった清朝は、1912年、その歴史を閉じ、第二次世界大戦後の混乱後に、中華人民共和国という共産主義国家に生まれ変わった。

その後、中国は「改革開放」を旗印に徐々に経済を発展させ、21世紀には、ついにアメリカに次ぐ経済大国となった。

その過程で、中国の指導者たちの中に、「内陸から海洋へ」という意識が芽生えていった。かつて清を蹂躙《じゅうりん》したイギリスはまさに海洋国家だった。そしてまた、第二次世界大戦の勝者となり、戦後世界を支配したアメリカも海洋国家である。もはや内陸だけに目を向けていては、かつてのような栄光はつかめないことに気がついたのだ。だから今、中国は海軍力の増強に躍起になっている。それは中国の軍事費の伸びを見ても明らかだ。中国は、2018年度の国防予算を約1兆1070億元と発表したが、1989年度から約30年間で約51倍、2008年度から10年間で約2・7倍となっている（図⑪）。

1兆1070億元は、元と円の為替レートが1元＝約17円で計算すると、約18兆8190億円だ。ちなみに、同年の日本の国防予算は5兆1900億円だから、いかに中国の軍事費が大きいかがわかるだろう。

しかし、中国が国防費として公表している額は、政府が実際に軍事目的に支出している額の

出典：防衛白書 平成30年版

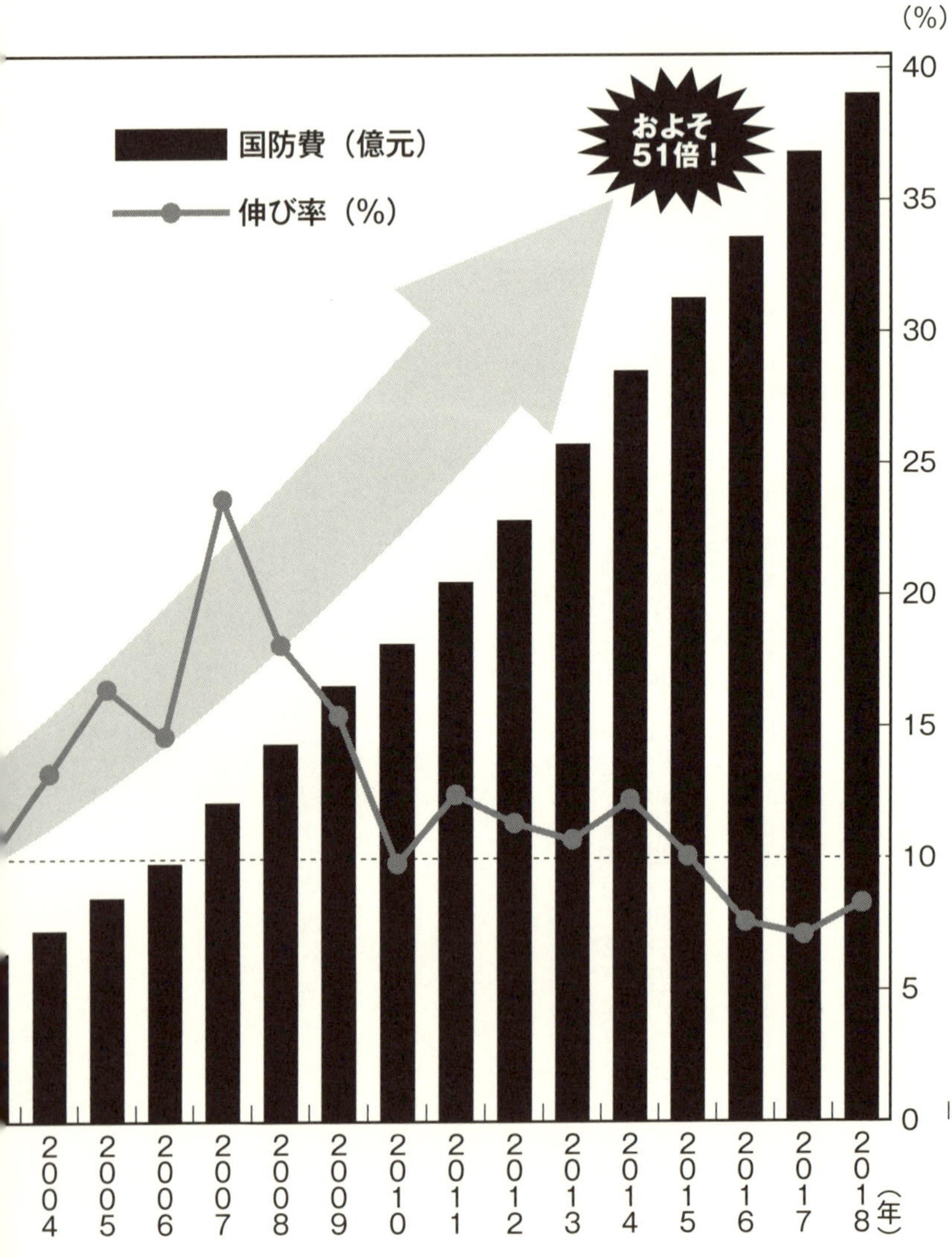

図⑪ 中国の公表国防費の推移

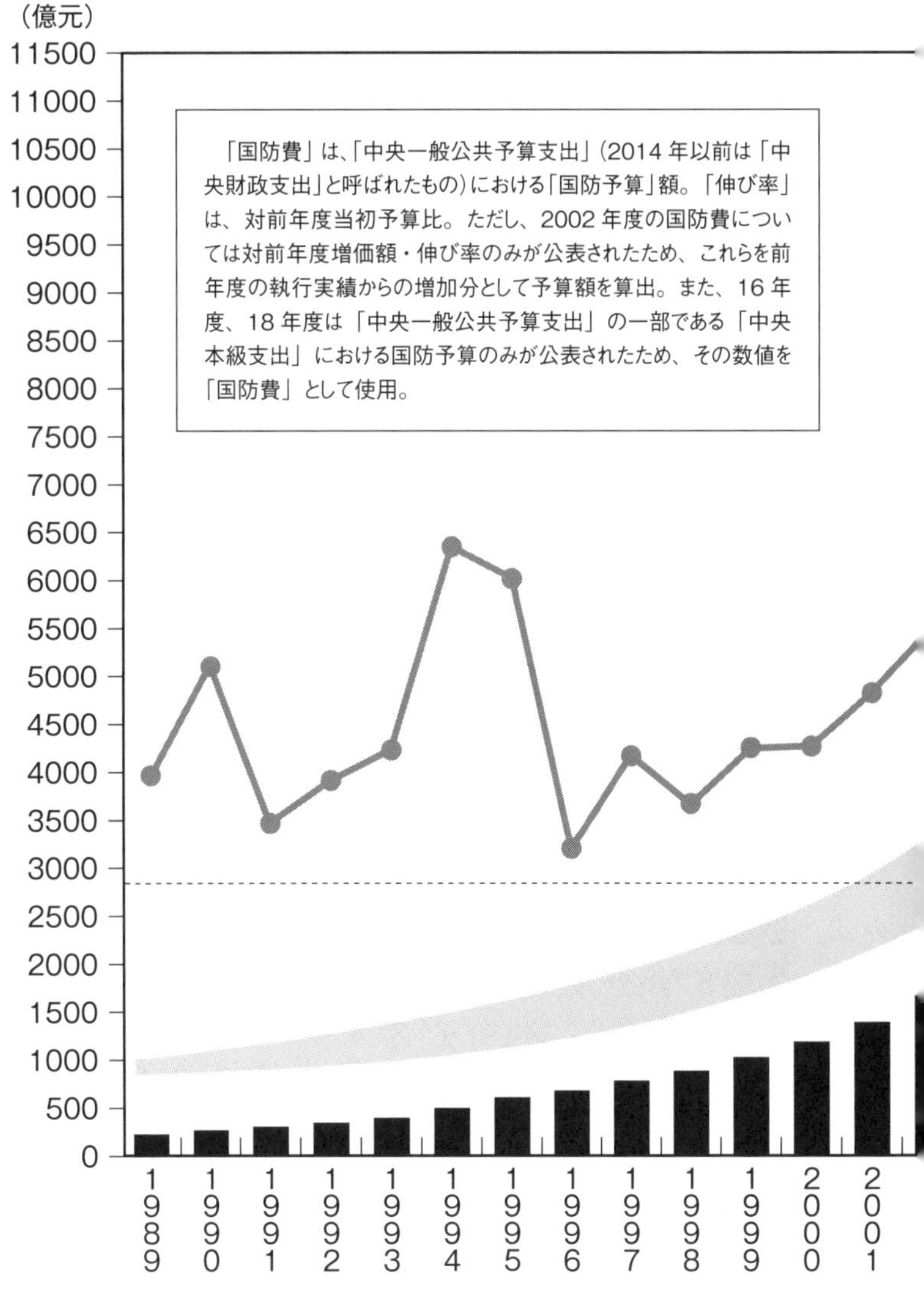

（億元）
11500
11000
10500
10000
9500
9000
8500
8000
7500
7000
6500
6000
5500
5000
4500
4000
3500
3000
2500
2000
1500
1000
500
0
「国防費」は、「中央一般公共予算支出」（2014 年以前は「中央財政支出」と呼ばれたもの）における「国防予算」額。「伸び率」は、対前年度当初予算比。ただし、2002 年度の国防費については対前年度増価額・伸び率のみが公表されたため、これらを前年度の執行実績からの増加分として予算額を算出。また、16 年度、18 年度は「中央一般公共予算支出」の一部である「中央本級支出」における国防予算のみが公表されたため、その数値を「国防費」として使用。
1989
1990
1991
1992
1993
1994
1995
1996
1997
1998
1999
2000
2001

一部にすぎないとされており、たとえば、SIPRI（Stockholm International Peace Research Institute：ストックホルム国際平和研究所）の推定では、政府公式予算に含まれない軍事支出の推計を含むと、2282億ドル（1ドル＝112円換算で約25兆5584億円）になるとしている。グラフ（図⑫）は、SIPRIの数値を元にしたものだが、アメリカにはおよばないものの、中国の軍事費が他国に比べていかに大きいかがわかる。

中国は、国防建設を経済建設と並ぶ重要課題と位置づけており、経済の発展に併せて、国防力の向上のための資源投入を続けてきた。その結果を平成30年版の『防衛白書』は、次のように分析している。

図⑫ 主要国軍事費

（上位15位、米ドル換算、億ドル、＊は推定値、SIPRI発表値）（2017年）

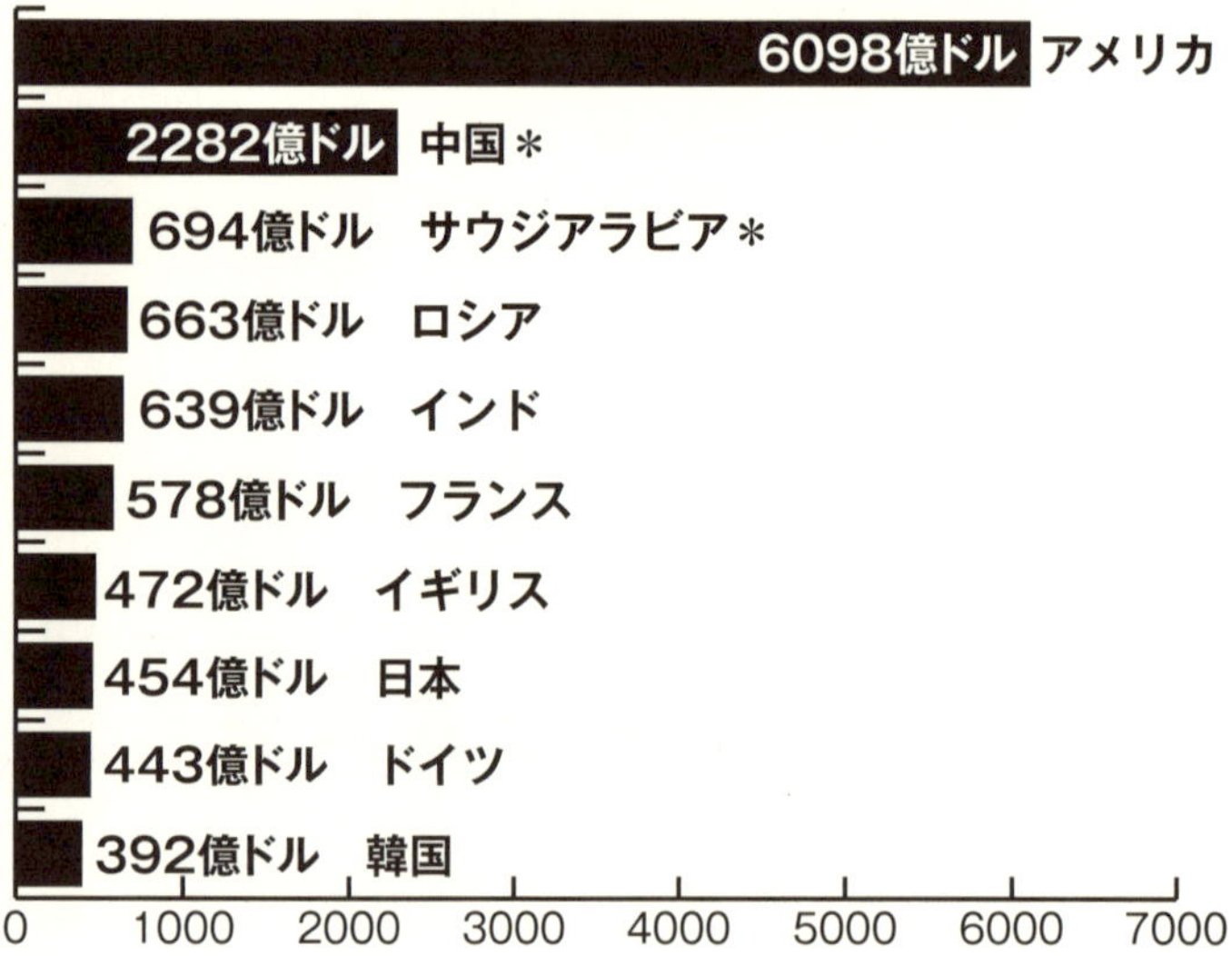

〈海上戦力は、北海、東海、南海の3個の艦隊からなり、艦艇約750隻（うち潜水艦約70隻）、約179万トンを保有している。海上戦力の近代化は急速に進められており、中国海軍は、静粛性に優れるとされる国産のユアン級潜水艦や、艦隊防空能力や対艦攻撃能力の高い水上戦闘艦艇の量産を進めている。また、最新のYJ-18対艦巡航ミサイルを発射可能な垂直ミサイル発射システム（VLS：Vertical Launch System）などを搭載しているとされる中国海軍最大規模のレンハイ級駆逐艦の開発を進めており、対地巡航ミサイルを搭載可能な潜水艦の開発に関する指摘もある。さらに、大型の揚陸艦や補給艦の増強などを行っている。2017（平成29）年9月には、空母群への補給を任務とすると指摘される総合補給艦が就役した。空母に関しては、初の空母「遼寧《りょうねい》」は12（平成24）年9月に就役後、国産のJ-15艦載機を用いた艦載機パイロットの育成や同艦における発着艦試験を、主に渤海や黄海で継続しているとみられていた。そのような中、16（平成28）年12月には、渤海において、艦載戦闘機の実弾発射を含む空母及び各種艦艇による実弾演習が、「遼寧」が参加する初の総合的実動・実弾演習として実施された。さらに、同月下旬には、複数の艦艇とともに同空母の太平洋及び南シナ海への進出が確認された。18（平成30）年3月から4月にかけては、「遼寧」が南シナ海で海上閲兵式に参加した後、太平洋に進出し、艦載戦闘機の活動を含む対抗訓練を行ったと発表されている。これらの活動は中国海軍の遠方展開能力の更なる拡大を示すものであると考えられる。また、「排水量は5万トン級で、通常動力装置を採用して」おり、「スキージャンプ式の発艦方式」とされている国産空母の進水式が17（平成29）年4月に行われた。同空母は就役に向け、18（平成30）年5月、初の海上試験を実施した。さらに、国産空母2隻目を建造中であり、当該空母は電磁式カタパルトを装備する可能性があるとの指摘がある。このような海上戦力強化の状況などから、中国は近海における防御に加え、より遠方の海域において作戦を遂行する能力を着実に構築していると考えられる。また、中国の軍隊以外の武装力である民兵の中でも、いわゆる海上民兵が中国の海洋権益擁護のための尖兵的役割を果たしているとの指摘もある。海上民兵については、南シナ海での活動などが指摘され、漁民や離島住民などにより組織されているとされているが、その実態の詳細は明らかにされていない。しかし、海上において中国の「軍・警・民の全体的な力を十全に発揮」する必要性が強調されていることも踏まえ、こうした非対称的戦力にも注目する必要がある〉

この防衛白書に書かれていた中国初の国産空母は、２０１８年5月13日には初の試験航海に出航したことがニュースになった。同艦は、早ければ年内にも海軍へ引き渡され、２０１９年には就役すると見られている。

また、空軍力の増強もかなりのものである。再び、『防衛白書』から引用する。

〈航空戦力は、海軍、空軍を合わせて作戦機を約２８５０機保有している。第4世代の近代的戦闘機としては、ロシアからＳｕ－27戦闘機及び対地・対艦攻撃能力を有するＳｕ－30戦闘機の導入などを行っているほか、２０１５（平成27）年11月、ロシアの国営軍事企業と、最新型の第４世代戦闘機とされるＳｕ－35戦闘機24機の購入契約を締結し、17（平成29）年12月までに計14機を受領したとされている。また、国産の近代的戦闘機の開発も進めている。Ｓｕ－27戦闘機を模倣したとされるＪ－11Ｂ戦闘機や国産のＪ－10戦闘機を量産しているほか、Ｓｕ－30戦闘機を模倣したとされるＪ－16戦闘機の試験配備も開始している。ロシアのＳｕ－33艦載機をモデルにしたとされる国産のＪ－15艦載機は、空母「遼寧」に搭載されている。さらに、次世代戦闘機との指摘もあるＪ－20戦闘機の作戦部隊への配備を開始したとされており、Ｊ－31戦闘機の開発も進めている。対地攻撃能力などを有するとされる爆撃機の近代化も継続しており、中国空軍は、核弾頭を搭載可能とされる対地巡航ミサイルを搭載可能とされるＨ－６Ｋ爆撃機の保有数を増加させている。さらに中国空軍は、Ｈ－20とも呼称される新型の長距離爆撃機を開発中とされている。このほか、Ｈ－６Ｕ空中給油機やＫＪ－５００及びＫＪ－２００早期警戒管制機などの導入により近代的な航空戦力の運用に必要な能力を向上させる努力も継続している。加えて、輸送能力向上のため、独自開発したＹ－20大型輸送機の配備を16（平成28）年７月に開始している。さらに、偵察などを目的に高高度において長時間滞空可能な機体（ＨＡＬＥ：High Altitude Long Endurance）や、攻撃を目的にミサイルなどを搭載可能な機体を含む多種多様な無人機（ＵＡＶ：Unmanned Aerial Vehicle）の自国開発も急速に進めており、その一部については配備や積極的な輸出も行っている。実際に、中国空軍には攻撃を任務とする無人機部隊の創設が指摘されている。また、周辺海空域などで偵察などの目的のためにＵＡＶを頻繁に投入しているほか、中国国内では低コストのＵＡＶを多数使用して運用する「スワーム（群れ）」技術の向上も図られているなどと指摘されている。このような航空戦力の近代化状況などから、国は、国土の防空能力の向上に加えて、より遠方での制空戦闘及び対地・対艦攻撃が可能な能力の構築や長距離輸送能力の向上を着実に進めていると考えられる〉

そして中国は、こうした海軍力、空軍力をもって、海洋強国となるための第一歩として南シナ海の制覇を目論《もくろ》んでいる。勝手に引いた「九段線」内の領有権を主張し、南沙諸島（スプラトリー諸島）や西沙諸島（バラセル諸島）の岩礁を埋め立て、空港施設や港湾施設をつくって、軍艦および軍用機の基地としているのだ（図⑬）。この中国の国際法を無視した横暴に、周辺国（台湾、ベトナム、フィリピン、マレーシア、ブルネイ）が抗議しているし、アメリカも黙ってはいない。「航行の自由作戦」と称して、中国が主張する「領海」付近で駆逐艦を航行させたり、軍用機に「領空」近くを飛行させたりしている。

こうした中国の軍拡は今後も続くだろう。それが止《や》むことがあるとすれば、米中貿易戦争に敗れ、経済自由化を余儀なくされる中、中国共産党の一党支配が終わったとき、ということになる。

図⑬ 南シナ海で各国が権益を主張する主な海域

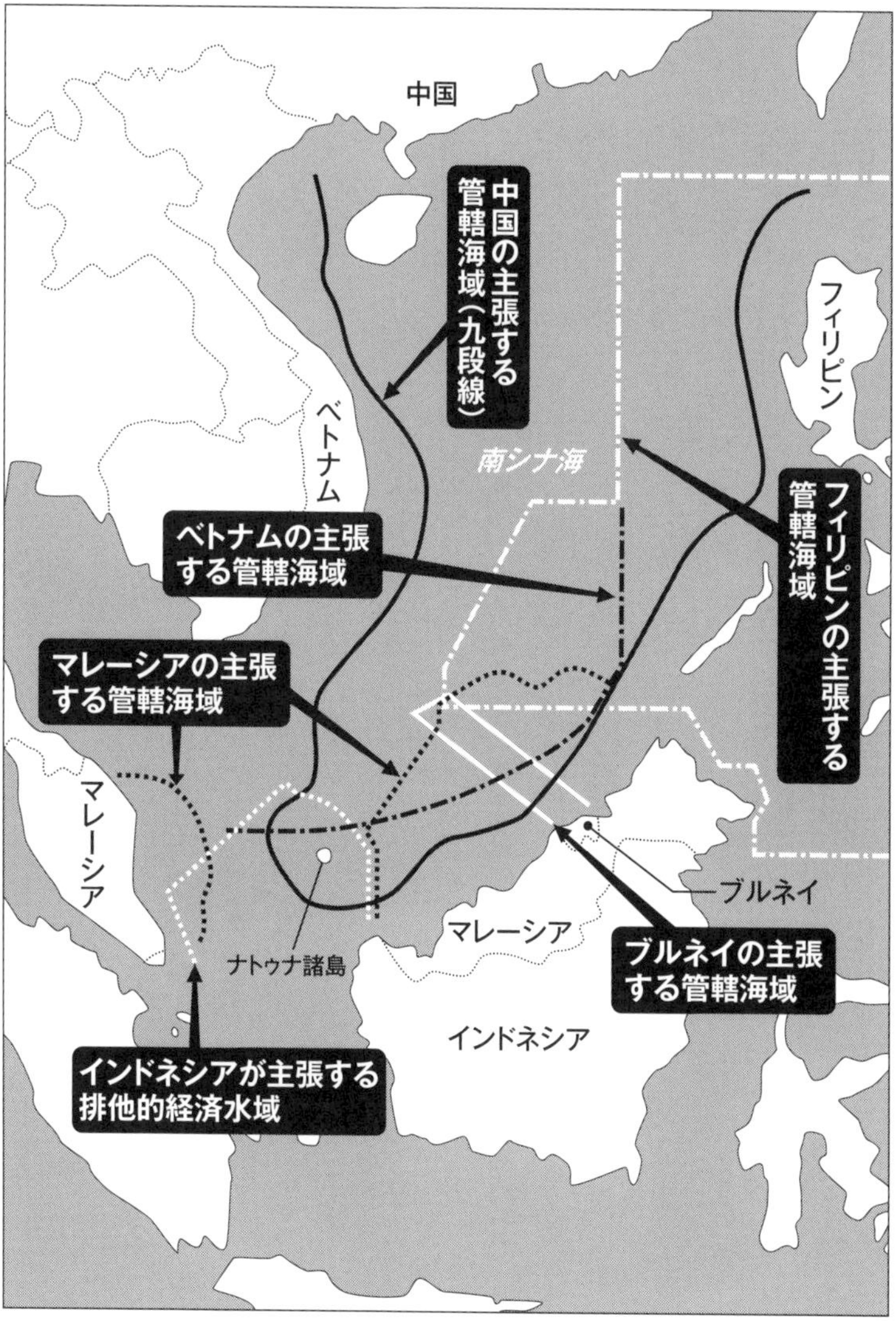

中国の海洋進出には、南シナ海以外にも、台湾と日本の尖閣《せんかく》諸島がある。どの地域も、相手が気を緩めたら中国は出てくる。今のところ、中国は南シナ海が周辺諸国との力関係から与《くみ》しやすいと見ているが、台湾と日本も対岸の火事ではない。

台湾はアメリカとの関係強化をしている。世界が、後述するシンガポールでの米朝首脳会談に目が奪われている中、2018年6月12日には台湾・台北市で米国在台協会台北事務所の落成式が行われた。これは形式的には「事務所」であるが、実質的には「米国大使館」とも言えるものだ。その落成式典でマリー・ロイス米国務次官補が「これは単なる建物ではない。21世紀の米台関係の安定と活力を象徴する」と述べたのに対し、台湾の蔡英文《さいえいぶん》総統は「価値観を共有する米台の物語が新たな第一章に踏み出した」と応じた。

アメリカは、それに先立つ3月には、台湾との高官の相互往来を促進する「台湾旅行法」を成立させていたし、4月には潜水艦の自主建造を目指す台湾の計画にアメリカの関連企業が参加する許可も与えていた。台湾が中国に対抗するための武器輸出と言ってもいいだろう。

アメリカは北朝鮮と直接交渉をするので、もう仲介者としての中国の役割は低下としたとして、台湾との関係強化に乗り出したのだ。

したたかな外交である。これで、中国は台湾との関係は慎重にならざるを得ない。日本も、防衛費増で自国防衛を強化することは当然であるが、アメリカや台湾との関係強化をすべき時期になっている。でないと、尖閣が中国の海洋進出の餌食になってしまう。

第三章

米朝首脳会談の行方

トランプ大統領が安倍総理の名を連呼した米朝首脳会談

ところで、日中貿易戦争でややかすんだ感のある北朝鮮問題だが、２０１８年6月12日にシンガポールで行われた、アメリカのトランプ大統領と北朝鮮の金正恩委員長による米朝首脳会談も、今後の国際情勢を見通す上で非常に重要な出来事だった。

米朝首脳会談直後、ニューヨーク・タイムズは「(対談の結果は)北朝鮮への重要な譲歩であり、金正恩朝鮮労働党委員長に核放棄させられるかの賭けだ」と指摘、ワシントンポストもトランプ氏の金委員長に対する態度を「へつらった」などと評した。例によって例のごとく、〝反トランプ〞を鮮明にした報道だった。

確かに、トランプ大統領と金正恩委員長は共同声明に署名したが、非核化やミサイルでは具体的な内容に乏しかったし、これまでの六か国協議と比べると新味に乏しいものだった。「ＣＶＩＤ」(Complete, Verifiable, and Irreversible Dismantlement：完全かつ検証可能で不可逆的な非核化)という言葉もなく、タイムテーブルもなかったのは事実だ。

しかし筆者は、政治交渉としては、まずまずのガチンコ勝負だったと評価している。

米朝首脳会談が開催される以前の六か国協議では、実務者だけでの議論に終始して、トップ同士の政治的な枠組みが弱かった。

その点、米朝首脳会談では、トランプ大統領と金委員長という両国のトップが政治的な合意をしているので、これから実務協議が行われていくことになる。実際、トランプ大統領も会談直後の記者会見で、「ポンペオ国務長官がすぐに交渉する」としていたし、ポンペオ国務長官は、その後から頻繁に北朝鮮に足を運んでいる。

そして、この米朝首脳会談で、安倍総理の存在がよりクローズアップされたことは日本にとっていいことだった。

日本の〝反安倍メディア〟は、米朝首脳会談の直後、「日本は蚊帳《かや》の外だ。安倍首相の出る幕はなかった」などと書き立てたが、それは事実に反したフェイク報道だった。

実際は、共同声明署名後に行われたトランプ大統領の記者会見では、安倍総理の名前が連呼され、いかに安倍総理が今回の米朝首脳会談に食い込んでいたかを、改めて世界に知らしめることになった。

よく知られた話として、トランプ大統領が、米朝首脳会談を韓国の板門店《パンムンジョム》かシンガポールのどちらで開催すべきかを安倍総理に聞いていた。

6月8日の産経ネット版記事や同月12日のNHKの報道などによると、そのとき安倍総理は、「板門店では、南北首脳会談の延長線にすぎず、二番煎《せん》じになる」とアドバイスしたという。これは日本の国益を高める上で、外交上のナイスプレーであった。

文在寅大統領は、2018年3月5日に、鄭義溶《チョンウィヨン》国家安全保障室長を特使として北朝鮮に派遣し、4月27日には、北朝鮮の金委員長と首脳会談を行い、〝南北融和〟を演出したが、米朝首脳会談を実現させた立役者は自分であると言わんばかりに有頂天になっていた。そんな文大統領の過度な介入を遮ることができたからだ。

いずれにしても、今後、米朝間で実務会合が開かれ、その後は六か国協議のような枠組みで、非核化やミサイルが議論されるのだろう。

もちろん、それには時間もかかるだろうし、これまで幾度となく世界を騙《だま》してきた北朝鮮が相手なだけに、今回も順調に進むという確約はない。

これについて、トランプ大統領も、「1年後、間違いだったと言うかも」と言っている。それはガチンコの交渉であるからこその正直な気持ちだろう。

と同時に、制裁は当分緩めることはないとも言っているので、北朝鮮の出方を窺《うかが》いながら、実務協議が続けられるだろう。

そして、この米朝会談で日本にとってよかったことは、日本にとって非常に重要な「拉致問題」をトランプ大統領が提起したことである。

拉致問題は人権問題でもあり、アメリカも渡りに船のカードだ。日本も日朝首脳会談や実務協議に関わったりするが、拉致問題は日本としての重要な外交カードになる。かつての六か国協議では、拉致問題はほとんど顧みられることはなかったが、今後、日本にとって大きな有利点である。

それに対して、前述したように国内の反安倍メディアの多くが、日本は〝蚊帳の外〟だと書き立てていたが、米朝首脳会談後にはさすがにトーンダウンした。

また、日本が「蚊帳の外」になって、はしごを外されているという批判をしていた者たちの多くが、ボルトン大統領補佐官は米朝首脳会談から外されると言っていたが、ボルトン大統領補佐官は、拡大会議の米側4人の中にしっかりと入っていたし、本稿を執筆している9月末現在も、日朝交渉の中心的立場に立っている。反安倍メディアの言うことは信じないほうがいい。

いずれにしても、米朝首脳会談で、安倍総理がトランプ大統領にとって欠かせない存在であることが改めてハッキリした。

トランプ大統領は、記者会見で「安倍総理から正しいことを教えてもらった」とまで言い切った。この時期に、安倍総理以上に上手く外交問題に対処できる日本の政治家はいない。これからの実務的な協議についても、経験が豊富で、各国要人とのパイプが太い安倍総理がキーマンとして重要なポジションを占めることになるだろう。

開戦直前だった朝鮮半島情勢

それにしても、米朝首脳会談はギリギリのタイミングで行われた。実際、アメリカによる北朝鮮攻撃のカウントダウンは始められており、もし、あのタイミングでトランプ大統領と金委員長の首脳会談が実現していなければ、今頃、日本のあちこちで、北朝鮮が日本に向けてミサイルを発射したことを知らせるJアラートが鳴り響いていたかもしれない。ウォーターゲート事件のときのワシントンポスト紙における卓抜した調査報道で有名な、ボブ・ウッドワード氏による近著『FEAR』にも、実際に戦争一歩手前であったことが書かれている。

思い出してほしいのは、国連安保理による北朝鮮に対する制裁決議がすでに10回を数えていたという事実である。

最初に北朝鮮に対する決議が出されたのは、金正日《キムジョンイル》氏が北朝鮮を率いていた2006年のことだった。同年7月に行われた北朝鮮の弾道ミサイル発射実験に対する決議で、北朝鮮によるミサイル発射を非難するとともに、弾道ミサイル計画に関わるすべての活動の停止を北朝鮮に要求した。当初は「平和に対する脅威、平和の破壊及び侵略行為に関する行動」を定めた国連憲章第7章に則って、制裁措置を盛り込む案も提案されたが、中国とロシアが拒否権を行使すると言明。結局、アメリカも中国に歩み寄り、結局盛り込まれなかった。しかし、以来、2017年12月までに10回議題に上がり、すべて制裁決議がなされた。順を追って見ていこう。

【対北朝鮮制裁決議】

①2006年10月　国連安保理決議1718号【1回目の制裁決議】

北朝鮮が2006年10月9日に行った核実験に対する決議で、経済制裁、臨検などの経済措置を定めている国連憲章第7章第41条に基づき、臨検の実施、奢侈《しゃし》品の禁輸、戦闘機・軍艦・ミサイルなどの特定の兵器の禁輸とそれらに関連する物資や技術やサービスの移転や調達の禁止などを決定した。ちなみに、国連憲章第41条では次のように定められている。

【国連憲章第7章第41条】

安全保障理事会は、その決定を実施するために、兵力の使用を伴わないいかなる措置を使用すべきかを決定することができ、且つ、この措置を適用するように国際連合加盟国に要請することができる。この措置は、経済関係及び鉄道、航海、航空、郵便、電信、無線通信その他の運輸通信の手段の全部又は一部の中断並びに外交関係の断絶を含むことができる。

②2009年6月　国連安保理決議1874号【2回目の制裁決議】

北朝鮮が2009年5月25日に行った核実験に対する決議で、北朝鮮に対する輸出入を禁じる品目として、武装軍用車両、大口径砲術システム、攻撃用ヘリコプター、軍用艦艇、ミサイルなどを追加し、加盟国に対して、貨物の検査、押収・廃棄する権限、ならびにこれら貨物を搬送する船舶の補給を拒否するなどの権利を付与。さらに、核及びミサイルの拡散に関わる資金を凍結することとすることや、加盟国および国際金融・国際信用機関に対し、人道目的あるいは開発目的以外での北朝鮮に対する新規の助成金、金融支援（資金援助）、無利子融資なども禁止することを決定した。

③2013年1月　国連安保理決議2087号【3回目の制裁決議】

2012年12月12日に北朝鮮によって行われたミサイル発射に対する決議で、加盟国に対してミサイル計画に関与したと認定された個人および団体の資産凍結、および個人の入国規制が決定された他、核・ミサイル関連禁輸対象品目リストの更新、資産凍結対象の個人及び団体の関与が疑われるすべての取引の禁止などが決定された。

なお、ここからが金正恩委員長時代である。

④2013年3月　国連安保理決議2094号【4回目の制裁決議】

2013年2月12日に北朝鮮によって行われた3回目の核実験に対する決議で、資産凍結対象の個人・団体を追加指定、決議による禁止行為・制裁回避行為の疑いのある北朝鮮による銀行口座・支店の開設の禁止など他、禁輸対象品目の追加指定、禁制品の疑いのある貨物について、加盟国の自国領域内での貨物検査の義務化などを決定した。

⑤2016年3月　国連安保理決議2270号【5回目の制裁決議】

2016年1月6日の北朝鮮による4回目の核実験と2月7日の弾道ミサイル発射に対する決議で、禁輸対象品目を追加した他、北朝鮮からの石炭、鉄、鉄鉱石、金、チタン鉱石、バナジウム鉱石及びレア・アースの輸入禁止、自国領内または管轄権に服する金融機関が北朝鮮の銀行と新規に合弁企業を設立することや、北朝鮮の銀行の持ち分を得ることなどを禁ずることを決定した。

⑥2016年11月　国連安保理決議2321号【6回目の制裁決議】

2016年9月9日の北朝鮮による5回目の核実験に対する決議で、過去4回の核実験の際に採択された決議に引き続き、国連憲章第7章に基づく制裁行動として、具体的に経済制裁に関する行動を定める第41条についても言及された。

⑦2017年6月　国連安保理決議2356号【7回目の制裁決議】

2016年11月30日に採択された決議2321号以降も北朝鮮が度重なるミサイル発射を実施したことを受けて採択された決議で、過去5回の核実験の際に採択された決議に引き続き、第41条について言及された。

⑧2017年8月　国連安保理決議2371号【8回目の制裁決議】

2017年7月4日、7月28日の北朝鮮による大陸間弾道ミサイル発射に対する決議で、第41条について言及された他、北朝鮮原産の石炭、海産物、鉛および鉛鉱石の禁輸に加え、各国に派遣された北朝鮮労働者の総数を決議採択時点の人数を上限に制限することも決定された。

⑨2017年9月　国連安保理決議2375号【9回目の制裁決議】

2017年9月3日の北朝鮮による6回目の核実験に対する決議で、第41条について言及された他、決議違反に関連すると信じる合理的根拠がある場合、各国が公海上で船舶の検査を実施することを要請。また、北朝鮮船籍の船舶に対して、禁制品に指定された積み荷を船舶間で受け渡す、いわゆる「瀬取り」を禁止。さらに石油精製品の輸出総量を年間上限50万バレルに制限することや、北朝鮮からの繊維製品の全面禁輸、加盟国の北朝鮮労働者の受入停止などを決定した。

ここで思い出してほしいのは、フセイン体制だったイラクが、1990年8月から2002年11月までに受けた国連制裁決議は累計7回だったことである。その7回目となった2002年11月の制裁決議「国連安保理決議1441」は、イラクが武装解除義務を履行していないと決めつける最終通告とも言えるもので、フセインは2003年3月まで国連監視検証査察委員会の全面査察を受け入れた。

しかし、ブッシュ大統領はそれでもなお、フセイン大統領とその家族に48時間以内にイラク国外に退去するよう命じ、フセイン大統領が黙殺すると、2003年3月20日、「イラクが大量破壊兵器を廃棄せず保有し続けている」という大義名分を掲げて、対イラク戦に踏み切った。結局、イラクは4月6日に停戦を受諾。フセイン大統領は同年12月13日、隠れ家の地下穴に隠れているところを見つかり逮捕され、2006年12月30日に絞首刑に処せられた。

それに対して北朝鮮は、この段階で9回目の国連制裁決議だった。具体的に受けた制裁のすべてはとても書き切れない範囲に及ぶ。それでも北朝鮮は従おうとはしなかった。いつ、アメリカが対北朝鮮戦に踏み切っても不思議ではないところまで事態は進んでおり、筆者も、もうアメリカによる北朝鮮攻撃のカウントダウンは始まっていると判断していたほどである。

実際、２０１７年8月にはトランプ大統領が、「アメリカは25年間、北朝鮮と対話して、恐喝されて金を払ってきた。答えは対話じゃない！」とツイートしたが、あの段階で、トランプ大統領の指示を受け、アメリカ政府と軍による具体的な北朝鮮攻撃が検討されていたことは間違いないだろう。それにもかかわらず、金委員長は２０１７年9月と２０１７年11月にもミサイル発射した。それに対して国連安保理は、２０１７年12月22日、10回目にあたる「国安保理決議２３９７」を採択した。

その内容は、16人1団体の資産凍結の追加、北朝鮮への石油精製品、原油の輸出制限のさらなる強化、輸出入規制対象品目の拡大、加盟国からの北朝鮮人労働者らの24か月以内の追放、さらなる原油輸出制限を警告など多岐にわたっており、もうそれ以上制裁する対象は残っていなかった。誰もが、もはや残る道は武力制裁を含む軍事制裁措置を定めた国連憲章第7条42条と43条に則った軍事攻撃しかないと思った。

もし国連安保理で、42条と43条に基づく武力制裁が採決されれば、北朝鮮が火の海になる。それを誰よりもわかっていたのが金委員長だった。そして、金委員長は韓国を利用した。きっかけは平昌オリンピックだった。なお、42条と43条は次のように定めている。


【国連憲章第7章第42条】

安全保障理事会は、第41条に定める措置では不充分であろうと認め、又は不充分なことが判明したと認めるときは、国際の平和及び安全の維持又は回復に必要な空軍、海軍または陸軍の行動をとることができる。この行動は、国際連合加盟国の空軍、海軍又は陸軍による示威、封鎖その他の行動を含むことができる。

【国連憲章第7条第43条】

1．国際の平和及び安全の維持に貢献するため、すべての国際連合加盟国は、安全保障理事会の要請に基き且つ1又は2以上の特別協定に従って、国際の平和及び安全の維持に必要な兵力、援助及び便益を安全保障理事会に利用させることを約束する。この便益には、通過の権利が含まれる。

2．前記の協定は、兵力の数及び種類、その出動準備程度及び一般的配置並びに提供されるべき便益及び援助の性質を規定する。

3．前記の協定は、安全保障理事会の発議によって、なるべくすみやかに交渉する。この協定は、安全保障理事会と加盟国との間又は安全保障理事会と加盟国群との間に締結され、且つ、署名国によって各自の憲法上の手続に従って批准されなければならない。

この状況は、60年近く前のキューバ危機によく似ているとも言える。イラクは実際に開戦まで行ったし、キューバ危機も開戦一歩手前だった。いずれにしても、一触即発の状態だった。

筆者への悪質なプロパガンダとして、「筆者は昨年（２０１７年）、米朝戦争が起こると言った」というものがある。筆者は数量政策学者であるので、リスクは必ず確率として言う。筆者の著作を読めば、昨年の段階では米朝戦争の確率は過去最高レベルになっていると言っただけである。そこにも、イラクやキューバ危機を例としている。著作を読まずに誹謗《ひぼう》中傷はやめてほしい。さらに『ＦＥＡＲ』を読めば、筆者の言っていたことが的外れでなかったことがわかるだろう。

韓国を利用した金正恩委員長

２０１８年２月９日から２月25日まで開催されることが決まっていた平昌《ピョンチャン》オリンピックを前に、文大統領は北朝鮮にオリンピック参加を持ちかけていた。

それに対して北朝鮮は態度を明らかにしていなかったが、金委員長が２０１８年１月１日の「新年の辞」で、突然、「平昌冬季五輪に北朝鮮代表団を派遣する用意がある」と口にした。それを受けた韓国は、アメリカに対し、パラリンピック（３月９～18日）が終了するまで米韓軍事演習を延期することを求め、アメリカはそれを黙認する姿勢を見せた。

そして1月9日には、板門店の「平和の家」で南北閣僚級会談が行われ、北朝鮮が平昌オリンピックへの参加を正式に表明。北朝鮮側首席を務めていた祖国平和統一委員会の李善権《リソングォン》委員長が「北南当局が誠実な姿勢で会談し、全同胞に新年の贈り物として価値ある結果を届けられればと思う」と述べた。

ここで、一気に南北融和ムードが高まり、2007年10月以来となる南北首脳会談の開催の話し合いが始まった。その話し合いの過程で、3月5日、韓国大統領府の鄭義溶《チョンウィヨン》国家安保室長が平壌《ピョンヤン》を訪れて金委員長と会談し、6日夜に、「4月に南北首脳会談を実施することで両国が合意した」と発表。合わせて「金委員長が非核化の意向も示した」と明かしたが、実はそのとき、金委員長から非公式にトランプ大統領との会談を受け入れる意向を示したとされる。

そして、それを受けた鄭国家安保室長はソウルへ帰国して文大統領に報告。文大統領が、彼を特使としてアメリカに送り、トランプ大統領に「金正恩委員長が大統領と会談したい意向がある」という金委員長からのメッセージを伝えたのだ。

それに対して、トランプ大統領が「金委員長の要請に応じる」と答えたことで、事態は大きく動き始め、会談予定日は2018年6月12日とされた。

しかし、5月24日、トランプ大統領は突然、「米朝首脳会談を中止する」として、金委員長あての次のような内容の書簡を発表した。

「あなたとシンガポールで過ごせることを非常に楽しみにしていた。残念ながら、あなたの最近の声明で示された大きな怒りやあからさまな敵意を踏まえると、この時期に、この長く計画されてきた会談を行うのは不適切だと思う。従って、お互いのために、世界には不利益となるが、シンガポールサミットを行わないことをこの手紙で伝えたい」

実は米朝首脳会談の開催が決まった後も、トランプ大統領と金委員長の激しいののしり合いは続いていた。トランプ大統領の「会談中止表明」の前日には、北朝鮮の外務次官がペンス米副大統領を「ばか者」とののしったことに対して、トランプ大統領は激怒したと伝えられている。

このとき、「米朝首脳会談中止！」というニュースが駆け巡り、やはり米朝戦争になるのかという危機感が世界に広がった。

だが6月1日、再び事態が動いた。その日、ホワイトハウスを訪れた金英哲《キムヨンチョル》党副委員長から金委員長からの親書を受け取ったトランプ大統領が、予定通り、金委員長との首脳会談をシンガポールで行うと言い出したのだ。

その際、トランプ大統領は、金委員長に非核化の意思はあると述べ、「首脳会談は非常に成功するプロセスになるだろう」と期待感を示すと同時に、「6月12日に何かに署名するつもりはない」とも口にした。

つまり、この段階で、米朝間では非核化の方法などについて具体的なことは何も決まっていなかったし、非核化実現には長期間を要することが見えていた。だから、トランプ大統領としては、1回の会談で最終合意はあり得ないと考えていたのである。

さらにトランプ大統領は、北朝鮮へかけている圧力は維持するものの、「最大限の圧力という言葉はもう使いたくない」「米朝交渉が決裂しない限り、新たな制裁を科すことはない」とも語ると同時に、金英哲党副委員長と朝鮮戦争の終結についても協議したことを明かし、休戦状態が終結すれば「北朝鮮の安全を保障する」と強調した。

トランプ大統領にしてみれば、国内外で期待が高まっている米朝首脳会談を実現すれば、結果がどういう形になるにせよ、自らの評価は高まることは目に見えていた。それを読んだ上で、金委員長を会談の場に引っ張り出すための言葉だったと見るべきだ。

ちなみにそのとき、トランプ大統領は、非核化受け入れ後の北朝鮮への経済支援について、「近隣の日本や韓国、中国が支援するだろう」「アメリカが支出する必要はない」と付け加えることも忘れなかった。

米朝ガチンコ勝負

ともあれ、米朝首脳会談は実現した。その結果、非核化やミサイル、拉致問題への取り組みの政治的な枠組みができたことは歓迎すべきことである。

米朝トップの政治的な方向性ができたので、非核化、拉致問題解決に向かう確率は１００％ではないものの、少なくともこれまでよりは高まったと言えるからだ。

もっとも、失敗したら、トランプ大統領は再び軍事オプションをちらつかせるだろうし、場合によっては軍事力行使に踏み切る可能性がないわけではない。しかし、トップ同士で約束をしたということが効いてくる。

振り返ってみれば、2017年には軍事オプションが現実化するか否かの直前まで行っていた。だからこそ、恐怖に駆られた金委員長から米朝首脳会談を申し入れてきたのだ。その金委員長が事態を元の木阿弥《もくあみ》にする可能性は低いと見るべきだ。そういう意味では北朝鮮問題は一歩前進したことは間違いない。

それにもかかわらず、多くのメディアが、「結局、CVIDは書き込まれなかった。トランプ大統領がしたたかな金正恩委員長にしてやられた」と書き立てた。

それは、「会談が行われれば、すぐにでも非核化、拉致問題解決に向かうのではないか」という実に甘い読みがメディアにあったからだが、その読みの元となった情報はすべてアメリカから出ていたものにすぎず、北朝鮮からの情報が一切加味されていない〝願望〟にすぎなかった。

しかし、ここまで激しく対立してきた米国と北朝鮮の交渉が思い通りに進むはずがないことは子供でもわかることだ。両国の対立が、一度トップ会談をしたぐらいで簡単に実現されるようなら、これまでの苦労はなんだったのかということになる。

案の定、会談の結果は願望通りにならなかった。それに対して反トランプメディアは、自分たちの甘さを棚に上げて「トランプ大統領はしてやられた」という報道をしているのだ。

米朝会談は、あくまでも金正恩一族の命と地位を守りたい北朝鮮と、中間選挙を前に点数を稼ぎたいトランプ大統領陣営の思惑の中で進められた交渉だ。

トランプ大統領としては、国民受けを狙って「CVID」を口にするのが当然だ。しかし、核を唯一の命綱だと考えている金委員長が呑《の》むはずがない。

第一、交渉というのは、それぞれの言い分を足して2で割ったもの、あるいはそれぞれの言い分の5割にもいかないのが当たり前だ。だから筆者は、最初からCVIDが共同声明に入らないことは予測していたし、入らなかったから失敗だったとは思わない。本当のガチンコ勝負とは、そんなものなのだ。

米朝首脳会談は「猪木VSアリ戦」だった

たとえは悪いが、筆者はトランプ大統領と金委員長のやりとりを見ていて、1976年の「格闘技世界一決定戦　猪木VSアリ戦」を思い出した。

あの試合は、普通のプロレスファンから見ると凡戦だった。試合後には「茶番だ」という声も上がったが、実際はガチンコだったからこそああなったのだ。

試合を申し出たのは猪木サイドだったが、ルールをはっきり詰められないまま、試合が行われることとなった。そして試合のとき、アリはこぶしに巻いたバンテージを石膏《せっこう》でガチガチに固め、その上にグローブをはめていた。コンクリートの上に薄い皮のグローブをつけているようなものだ。アリのパンチを一発でも食らおうものなら、猪木が骨折しかねないことが明白だった。だから、猪木はマットに寝転がって、パンチを食らわない策に出るしかなかったのだ。

結果、試合は引き分けとなったが、足に猪木のキックを集中的に浴びたアリは膝の裏に血栓症を患い、サンタモニカの病院に入院することになった。実にシビアな試合だったのである。

ガチンコの試合とはそんなものだ。今回の米朝首脳会談もまさにそんな状態だったと言えよう。

普通の外交だと役人レベルで下交渉をやって、案を詰めて、最後にトップ同士が署名して終わりとなる。ところが、金委員長とトランプ大統領の間には外交ルートがほとんどなかったから、今回はそれがほとんど行われないまま、会談本番になった。その結果、何も細かいことが決められないまま、共同声明に署名し、記者会見が行われることになったのだ。

みんなは、もっとうまくできたんじゃないかと思いたがるが、ガチンコの外交交渉ではあのくらいしかできないものなのだ。

しかし、会談の結果は金委員長にとっては深刻なものだし、怖さも感じている。

一方、トランプ大統領にしてみれば、もともと米朝間で打ち合わせがあったわけではないから、会談本番で金委員長からなんらかの確証めいた発言があるとは思っていなかった。だからトランプ大統領は、会談前から言いたいことをどんどん口にしていた。

一方、言われた金委員長にしてみれば、不安が募る一方だったのだ。「自分が核開発を止めると言わなければ、いったいどうなるだろう」と――。

トランプ大統領に怯える金正恩委員長

トランプ大統領は「軍事力による抑制を止める」とは一言も口にしていない。いつか軍事力行使に踏み切るかもしれない。もし、金正恩委員長が何もやらなければ、２０１７年12月の状態に戻るからもしれない。金正恩委員長は、それが怖かったから、自分のほうから「核実験施設を破壊します」などと言い、実際、２０１８年5月24日には、豊渓里《プンゲリ》の核実験施設を各国の報道陣の目の前で破壊して見せたのだ。

ところでトランプ大統領は、米朝会談の直後に「巨額の金がかかるから、できるだけ早く在韓米軍を撤退させたい」と述べた。また、８月に予定されていた米韓合同軍事演習の中止も表明した。

それを受けて、日本のメディアはまたまた騒いだ。

「在韓米軍が撤退したら、日本が直接北朝鮮と対峙《たいじ》することになる。それは大変だ」と——。

だが、トランプ大統領のあの言葉も鵜《う》呑《の》みにする必要はない。アメリカ側とすれば、今後の米朝交渉で取引（ディール）の材料にしてやろうという計算から口にしている言葉にすぎないからだ。

演習を延期するといっても、米韓合同演習ほど本格的なレベルではない演習はしょっちゅうやっているし、在韓米軍の撤退だってすぐさま踏み切る可能性はない。そして今後、米朝交渉が続く中、いつでも軍事オプションをちらつかせる準備をしている。

「核実験施設の爆破はしたけど、次の工場施設の閉鎖はどうするの。だって、工場施設を閉鎖すると言ったのはそちらだろう」という姿勢で北朝鮮の動きを見ている。

アメリカにしてみれば、北朝鮮の動きが気に入らなければ、いつでも軍事オプションの口実ができるということである。

この状況は北朝鮮にとっては非常に苦しいだろう。まさに引くに引けない状態だ。

そう話すと、「しかしタイムテーブルも決まっていないじゃないか」と言う人が多い。しかし、タイムテーブルが決まっていないことも金委員長にはプレッシャーだ。

次のスケジュールが決まっていれば、それまで適当なことを言っていればいいが、タイムテーブルが設定されていないと、とにかく常になんらかの行動を起こさないとならないからだ。

だから、「表面的にはトランプ大統領が負けているように見えても、実のところは、金委員長のほうがトランプ大統領を不気味に感じているし、怯《おび》えている」というのが筆者の見方だ。

米朝首脳会談をセントーサ島でやった意味

筆者は、第1回の米朝首脳会談をシンガポールのセントーサ島でやったことに大きな意味があったと思っている。

シンガポール島の南にあるあの島は、シンガポールの観光スポットになっているが、メインはカジノとゴルフだ。あと遊園地しかない。あの島を金正恩委員長との首脳会談の場に選んだトランプ大統領は、金委員長に「カジノは面白いぞ」と囁《ささや》いたに違いない。それはそのまま、「資本主義はいいぞ」というメッセージだ。

カジノは自由主義の最たるもので、ギャンブルは社会主義国にとっては毒のようなものだ。社会主義国でカジノはちょっとやりにくい。たとえば、中国もマカオでカジノを認めているが、イギリスが統治していた時代からあったものだ。また、上海のカジノは完全に隔離した中でやっている。

それを知りつつ、トランプ大統領は、「カジノは、うまくマネジメントすれば、金を稼げるぞ」と金委員長に吹き込んだのではないかと思うのだ。

実は金委員長も、日本海側の江原道《カンウォンドウ》と元山葛麻《ウォンサンカルマ》にリゾートをつくって、外国人を呼ぼうとしている。「そこに、カジノをつくれば、北朝鮮の国家財政にも資することになるぞ。なんなら手伝ってやるぞ」というわけだ。

トランプ大統領にしてみれば、そこでアメリカ資本を北朝鮮に入れることができるし、ひょっとすると、自分のホテルビジネスを展開することも考えているのかもしれない。そしてまた、そうした接点をつくることで、北朝鮮の体制を変えていき、資本主義体制への移行が始まるかもしれない。

なにしろ、北朝鮮は金委員長の気持ち一つで変わる国である。やや荒唐無稽な話だが、まったくない話ではないと思うのは、筆者ばかりではないだろう。

拘束した日本人を帰国させた北朝鮮

２０１８年8月に北朝鮮で拘束された日本人男性が早期に日本に帰国した。男性は軍事施設を撮影したとして拘束されていたが、北朝鮮が人道主義の原則に従って国外に追放すると発表していた。拘束された男性は、映像関係の仕事に従事しており、ツアーで北朝鮮に入った後、西部の港湾都市、南浦《ナムポ》を訪れた際に軍事施設を撮影したとして、当局に拘束されたようだ。

朝鮮中央通信は男性について「罪を犯したため、該当する機関に拘束されて取り調べを受けた」としたうえで、「人道主義の原則に基づいて、寛大に許し、国外に追放することにした」と伝えている。

北朝鮮はこれまでアメリカや韓国との対話で、人道主義を「外交カード」として利用してきた。朝鮮戦争で戦死した米兵遺骨の返還のほか、２０１８年5月には拘束したアメリカ人３人を解放し、トランプ政権との対話につなげようとしてきた。

それ以前の２０１７年7月には、約１年半拘束していた学生のオットー・ワームビア氏を昏《こん》睡《すい》状態のまま帰国させたこともあったが、ワームビア氏がまもなく死亡したことで米国世論の激しい怒りを買い、テロ支援国家の再指定を招いた。この対応を受けて北朝鮮では、外国人をむやみに拘束し、人質扱いすることが大きなリスクを伴うと教訓を得た可能性もある。

一方で、同時期の8月初めには、不法越境した30代の韓国人男性を「人道主義」に基づいて早々に送還したものの、宣教師や元脱北者らスパイ罪などで拘束された韓国籍の6人の解放には依然応じず、スパイ容疑など体制の脅威になると見なした事案では、厳しい姿勢を示したままである。

こうした中で、北朝鮮が日本人男性を早期に帰国させたのは、現在進められている米朝交渉において、日本人を拘束することがマイナスになると判断したからではないか、と筆者は考えている。

株を上げられなかった文大統領

ところで、米朝首脳会談で株を上げたかに見える韓国の文大統領だが、はたしてどうだろうか？　筆者は、実際は文大統領は国際社会ではむしろ株を下げていると感じている。

前述のように6月12日にシンガポールでトランプ大統領と金正恩委員長が会談した。共同声明で、北朝鮮は朝鮮半島の完全な非核化に取り組むとされた。

この北朝鮮の非核化については、ボルトン米大統領補佐官は、〝韓国の文在寅大統領からの話〟として、「4月の南北首脳会談で金委員長が1年以内の非核化に同意していた」と明らかにしていた。だが、6月には、「北朝鮮が非核化に向けた必要な措置をとっていない」と非難していた。外交として、第三国からの情報を口外するのは珍しいことだ。

このボルトン氏の発言は、北朝鮮の非核化の意思が危ういと見て、北朝鮮とともに、その情報源である韓国に対して不信感を抱き、改めて確認を求めたと見たほうがいい。

さらに、こうした状況下、ポンペオ米国務長官が8月に訪朝する予定を急遽《きゅうきょ》中止した。北朝鮮との非核化交渉が進んでいないことが明らかだったし、もはや文大統領に期待していないことの表れだったと言っていいだろう。

パフォーマンスにすぎない「9月平壌共同宣言」

そんな中、8月13日になって、韓国の文在寅大統領が平壌に赴き、9月中に南北首脳会談が行われることになった。平壌で南北首脳会談が行われるのは、2000年6月に、韓国の金大中大統領と北朝鮮の金正日委員長が会談を行って以来、11年ぶりのことだった。

この南北首脳会談は、9月18日から20日にかけて行われたが、18日午前9時49分に、文大統領夫妻が順安空港に到着し、それを金正恩委員長と金与正労働党中央委員会第1副部長が出迎えるところから大々的に報じられ、日本をはじめ世界が注目した。

そして文大統領と金委員長は、18日と19日の会談を踏まえ、合意文書「9月平壌共同宣言」に署名した。その内容は、アメリカが〝相応の措置〟をとるという条件で、北朝鮮が寧辺《ヨンビョン》の核施設を永久に廃棄するといった措置をとる用意があるというものだった。

それに対して、トランプ大統領も、「南北から非常にいいニュースがあった。とてつもない進展を遂げている」とツイート。ポンペオ国務大臣も「すばらしい成果だ。アメリカは米朝関係の転換に向けた交渉に走る用意がある」と発表した。

だが、これで一挙に北朝鮮問題が解決するわけがなかった。およそ、トランプ大統領が北朝鮮の求める〝相応の措置〟をとるはずがないからだ。

文大統領は、共同宣言署名後の記者会見で「南北は朝鮮半島の全地域で戦争を起こさせるあらゆる脅威をなくすことで合意した」「朝鮮半島の完全な非核化は遠くない」と述べたが、それが遠い夢であることは明らかだ。

そういう意味では、「9月平壌共同宣言」は、なんとかアメリカの譲歩を引き出したい金委員長と、国内での人気を維持したい文大統領によるパフォーマンスにすぎなかった。

次章では、2019年以降の韓国がどうなるか見ていこう。

第四章

韓国の憂鬱

米中貿易戦争で落ち込む韓国経済

第一、二章で書いてきたように米中貿易戦争が長引けば、中国経済が疲弊していくことは明らかだ。そして、その影響が、中国への経済依存度の高い東南アジア諸国に大きな影響が及ぶのではないかと懸念されている。

そもそもアジア諸国における対米依存度（アメリカ向け輸出額の対ＧＤＰ比）は、２０００年代後半頃から低下傾向に入っていた。

アジアＮＩＥＳ（韓国、台湾、香港、シンガポール）の、１９９６年から２０００年までの５年間の対米依存度の平均値と、２０１１年から２０１５年までの５年間の対米依存度の平均値の変化を見ると、11・９％から６・９％と５ポイント低下した。

また、同時期のＡＳＥＡＮ《アセアン》（東南アジア諸国連合）５か国（タイ、マレーシア、インドネシア、フィリピン、ベトナム）を見ても、対米依存度は８・８％から４・４％と半減した。

それに代わって高くなったのが対中依存度だ。アジアＮＩＥＳの対中依存度は10・５％から21・５％へと倍増、ＡＳＥＡＮ５か国の対中依存度は１・４％から４・７％と３倍以上も高くなった（図⑭）。

アジア通貨危機前までは、アメリカがアジア諸国にとって大きな貿易相手国だったが、中国が取って代わった形だ。
中国は、台湾、韓国、日本などから部品を輸入し、それを組み立てて、先進国（特にアメリカ）に輸出することで大きな利益を上げていった。それがアメリカの膨大な対中貿易赤字を生み出していったわけだ。

そこで、トランプ大統領は、中国に対して、貿易戦争に打って出たわけだが、このまま対立が続き、中国のアメリカへの輸出量が減少すれば、当然、中国のアジアＮＩＥＳやＡＳＥＡＮ５か国からの輸入もそれに伴って減少し、それらの国々は打撃を受けることになる。中でも大変なのは韓国だ。

韓国は、２００１年に中国がＷＴＯ（世界貿易機関）に加盟して、近代化を推し進めたのをきっかけに、中国への原材料や部品、機械製品

図⑭ アジアNIESとASEAN5カ国の対米・対中輸出依存度の変化

（三井住友信託銀行　調査月報　2016年9月号　経済の動きから変化するアジア経済の対米・対中依存度）

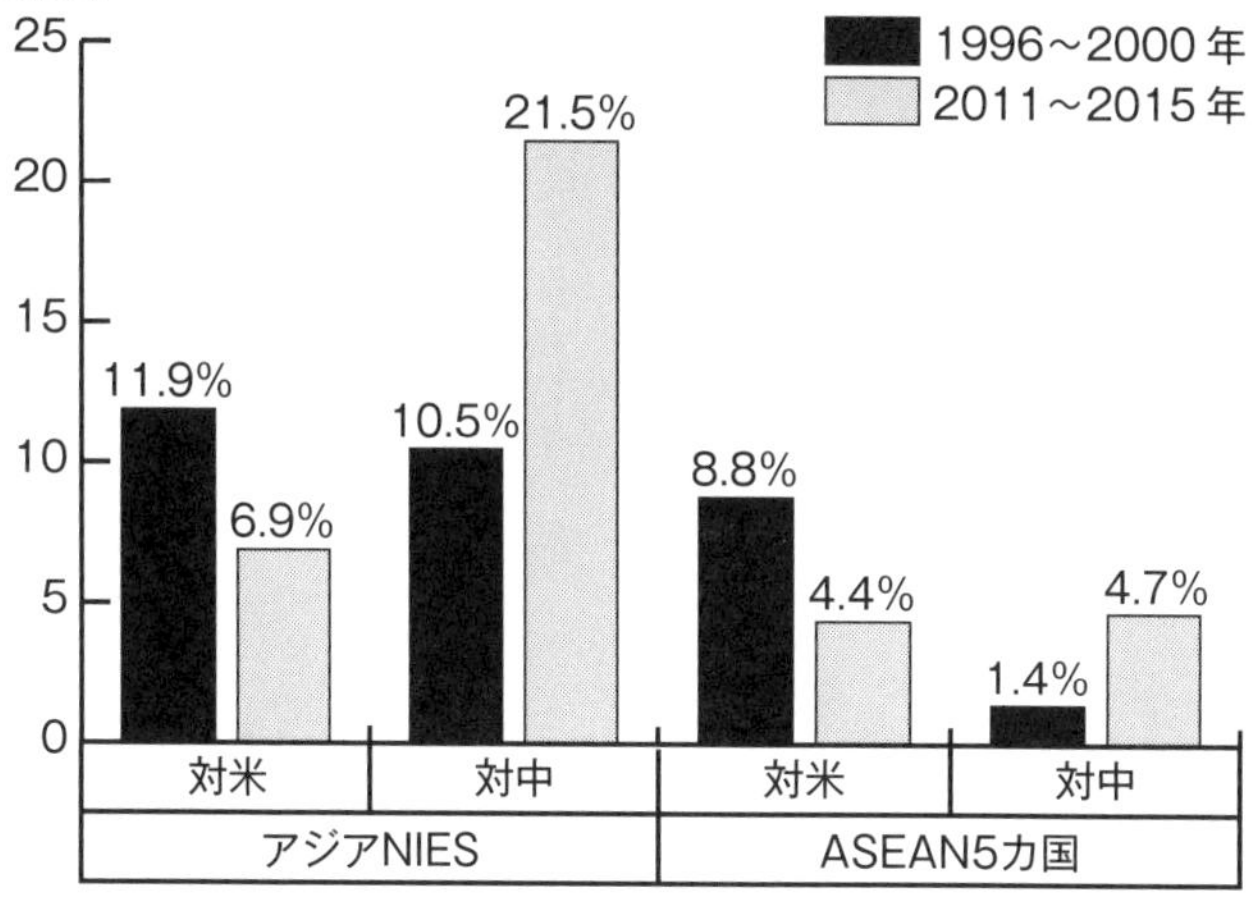

の輸出を増やしていった。

さらに中国経済が発展して中国国内の需要が拡大するに伴い、消費財の輸出も増やし、2003年には、ついに韓国から中国への輸出がアメリカへの輸出を上回り、韓国にとって中国が最大の輸出相手国となった。

その韓国の対中貿易額は2014年には約1453億ドル（GDPの約10％）にまで膨れ上がった。しかし、その後、中国経済の鈍化とともに輸出額は下がり始めた。2017年には1244億ドルまで減少した。それと共に韓国の経済成長率の鈍化に拍車がかかった（図⑮）。

さらに韓国がつらいのは、中国への輸出額が下がっているにもかかわらず、韓国の輸出額全体の約25％（GDPの約11％相当）を中国が占めていることだ。

ちなみに、同年の中国からの輸入額は870億ドル、韓国の対中貿易の黒字額は374億ドルで、まさに中国に依存している状態であり、ここで米中貿易戦争の影響で中国経済が悪化するようなことになれば、韓国経済は大ダメージを被ることになる。

もちろん、日本も多少の影響は受けるだろう。しかし、日本の対中国輸出額はGDPの約3％にすぎないから、それほど恐れることはない。

また、日本の輸出産品は、日本にしかつくれないものが多い。そういう意味では、粛々とTPP11（環太平洋パートナーシップ協定参加11か国）との交渉を続けていけばいいし、アメリカとはFTA（自由貿易協定。もちろんアメリカがTPPへ復帰するのであれば、日本として

図⑮ 韓国経済の成長率

出典：IMF - World Economic Outlook Databases（2018 年 4 月版）

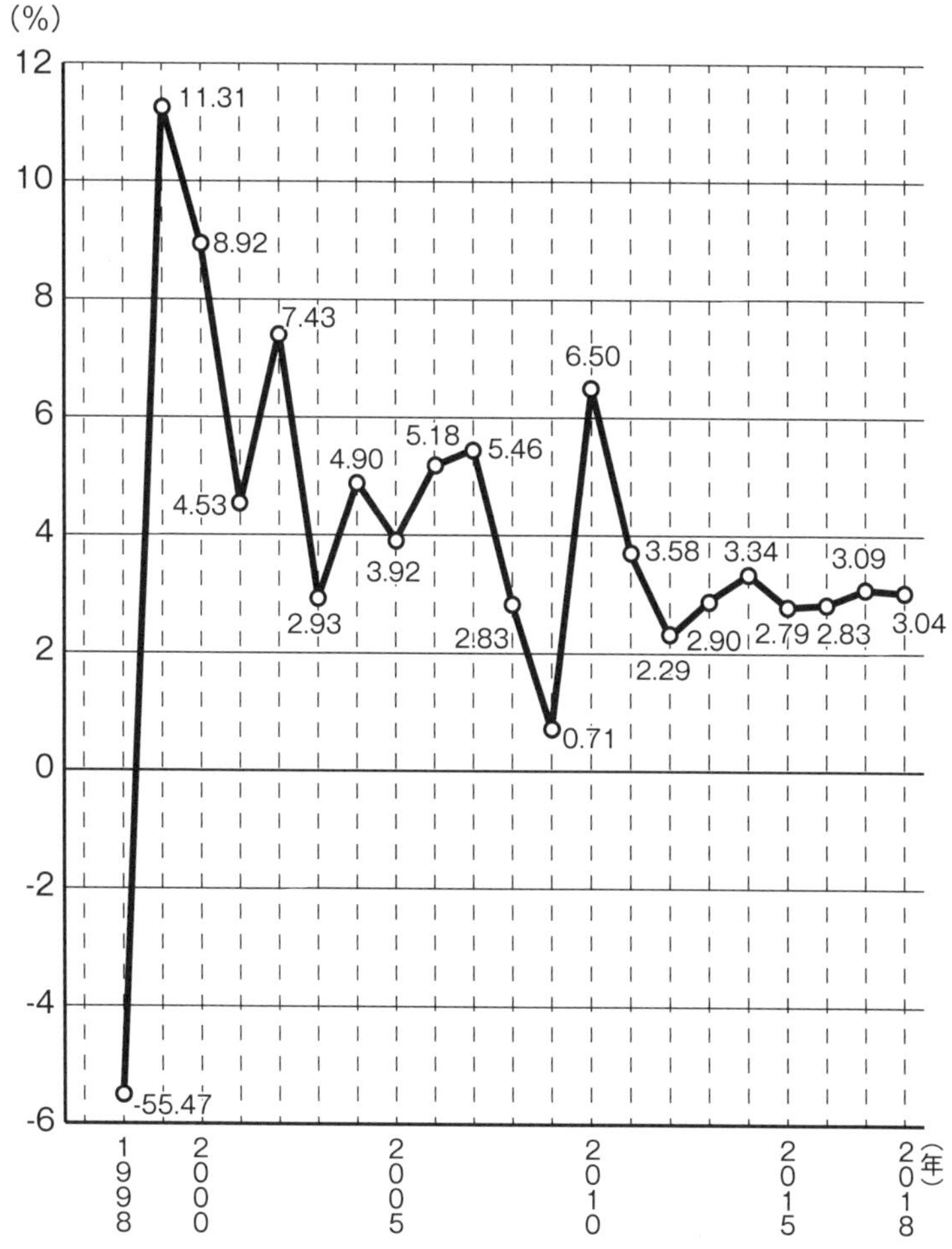

2018 年の数値は推定値

も歓迎）を、ＥＵとはＥＰＡ（経済連携協定）を進めていけばいいだけのことである。

中国に呑み込まれる韓国

一方、韓国は経済面での中国に対する依存度が高まるにつれ、外交姿勢も中国の顔色をうかがうものとなっていった。

失脚した朴槿恵《パククネ》前大統領は、以前から親中派として知られていたが、２０１３年2月に大統領に就任すると、同年5月に訪米したのに続き、6月には訪中して中国重視の姿勢を明確に打ち出し、その後、中国と歩調を合わせて、ありもしない慰安婦問題を引っ張り出して、各国で日本を中傷する〝告げ口外交〟を展開して顰蹙《ひんしゅく》を買った。

その朴大統領が２０１６年7月に、アメリカの意向を受け入れて、ＴＨＡＡＤ《サード》（高高度防衛ミサイル）を年内にも国内に配備することを決定した。中国にしてみれば裏切り行為だ。そこで中国は、韓国に対して輸入規制措置など露骨な報復を始めた。

たとえば、ロッテ免税店のホームページをサイバー攻撃によって一時閉鎖に追い込んだ。また中国国内の複数のネット通販サイトからロッテを締め出した。

あるいは韓流を規制する「限韓令」を出し、韓国からの輸入品に対する通関手続きを複雑化させたり、両国を行き来する専用機やビザ発給の規制などの報復措置を取ったりもした。

さらには一部の中国政府系メディアは「韓国企業に罰を与えて懲らしめよ」「韓国製品に対して不買運動をすべき」などと呼び掛けた。それにより、両国関係が一挙に冷え込んだのも当然のことだった。

こうした中国の動きに、朴槿恵大統領の罷免を受けて行われた選挙で勝利し、２０１７年5月に大統領に就任した文在寅氏は、朴前大統領にもまして中国に擦り寄り、反米の姿勢を打ち出した。

２０１７年6月に訪米してトランプ大統領と会談した際には、ＴＨＡＡＤの配備を先延ばしにすると表明し、中国を喜ばせた。

さらに文大統領は、10月末には中国との間で「アメリカ主導のミサイル防衛システムに参加しない。日米韓の安保協力を軍事同盟に発展させない。ＴＨＡＡＤを追加配備しない」などとする基本合意を取り付けて訪中した。

その後、２０１８年4月に北朝鮮の金正恩委員長との南北首脳会談に臨み、それが米中首脳会談へとつながっていったことは前述した通りだが、文大統領は、その後も逐一、中国側と連絡を取り合っていると言われる。文大統領が、中国の強い意向を受けて動いていることは間違いないだろう。

そういう意味では、韓国はもはや経済的にも外交的にも中国に呑《の》み込まれていると言ってもいい。韓国は中国にかなりの投資をしているし、実に様々な取引をしている。ある意味では、もう中国経済圏に入っていると言ってもいい状態になっている。

このままでは、「中国がコケたら韓国もコケる」ということになりかねないが、それは、歴史的に中国という覇権国家の影響を受け続けてきた半島の国としては、やむを得ない選択なのかもしれない。筆者は、そういう意味では気の毒だとも思うが仕方がない。自業自得だと言うしかない。

それはさておき、もし韓国が完全に中国の傘下に入ることになったら、日本にとっては安全保障の面で大変なことになる。

今、北朝鮮は中国も利用しながら、なんとか体制維持を図ろうとしている。アメリカに対抗し、現体制を死守するためには、最終的に中国に隷属することも厭《いと》わないだろう。

その北朝鮮に続いて、経済的に支配された韓国が中国に呑み込まれ、朝鮮半島全体が中国の下に入るということは、今の三十八度線が、対馬沖まで下がってくることを意味するからである。そんな事態を回避するには、日本はアメリカと協力して、なんとか北朝鮮を取り込むしかない。

日本にとって最悪のパターンは、中国が北朝鮮ばかりではなく、韓国まで取り込むということだ。

逆に、中国にとって最悪なのは、日本とアメリカが、韓国をなだめすかしながら北朝鮮を取り込むことだ。今、その綱引きがまさに始まろうとしているのである。

図⑯ わが国周辺における主な兵力の状況（概数）

出典：『防衛白書』 平成30年版

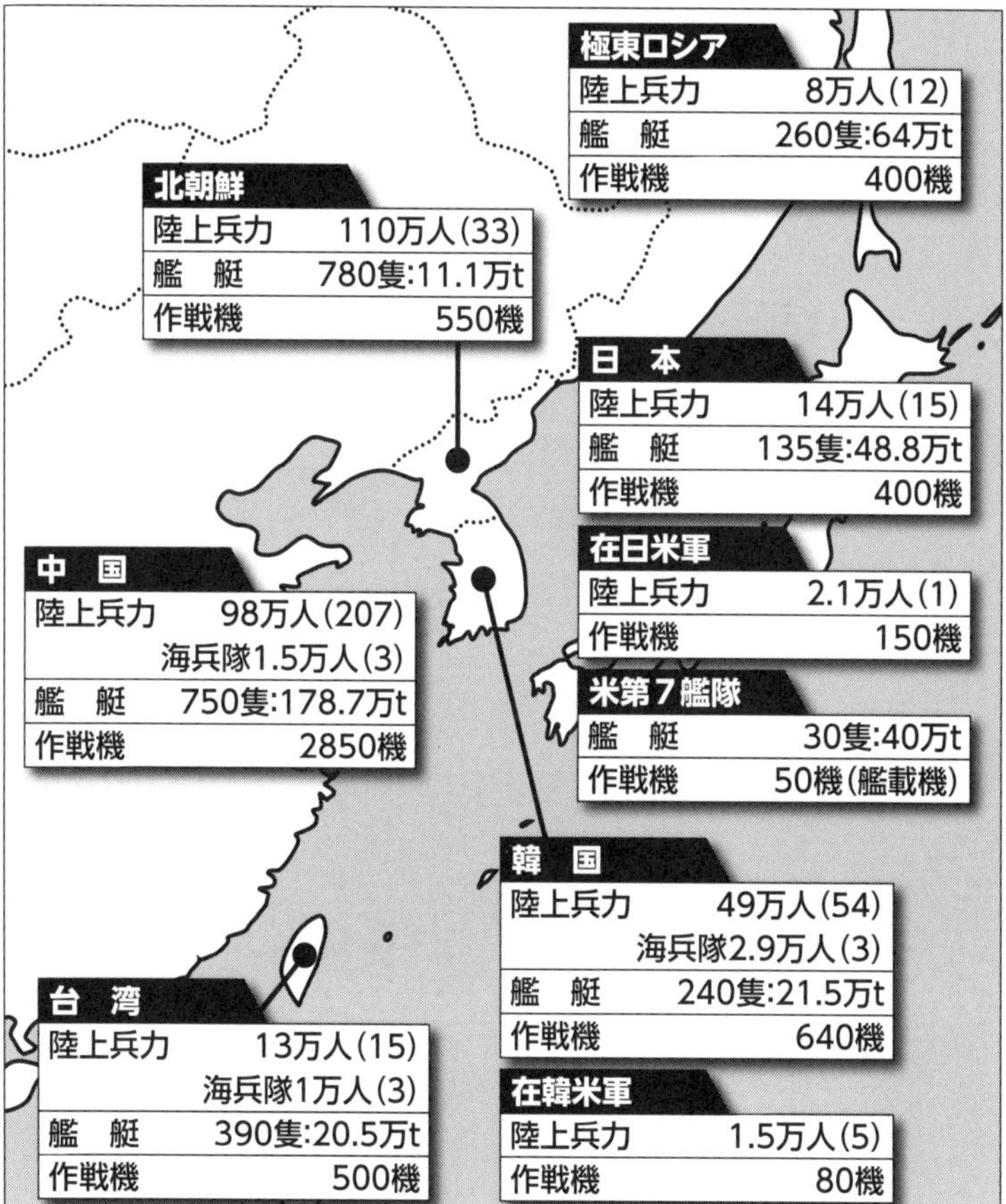

（注）①資料は、米国国防省資料、ミリタリーバランス（2018）などによる。
②日本については、平成29年度末における各自衛隊の実勢力を示し、作戦機数は空自の作戦機（輸送機を除く）および海自の作戦機（固定翼のみ）の合計である。
③在日・在韓駐留米軍の陸上兵力は、陸軍および海兵隊の総数を示す。
④作戦機については、海軍および海兵隊機を含む。
⑤（ ）内は、師団、旅団などの基幹舞台の数の合計。北朝鮮については師団のみ。台湾は憲兵を含む。
⑥米第7艦隊については、日本およびグアムに前方展開している兵力を示す。
⑦在日米軍および米第7艦隊の作戦機数については戦闘機のみ。

言うまでもないが、この綱引きは日本単独では勝ち目がない。日本周辺諸国の兵力状況を見てもわかるが、とても外交だけで解決できる問題ではないからだ（図⑯）。どうしても、アメリカの強大な軍事力が必要だ。

そのアメリカに東アジアの安定がアメリカの国益につながることを理解させ、日本と共同歩調を取って責任を果たさせるためには、トランプ大統領と仲のいい安倍総理が欠かせないということである。

また、その安倍総理がやりたいことは、北朝鮮の拉致問題の解決だ。拉致被害者全員が日本に帰国したら、その勢いのまま憲法改正を実現したいと考えているだろう。

その2つをやり遂げたら、安倍総理は何をやるのだろうか？　筆者としては興味の尽きないところである。

連邦制で金正恩委員長が朝鮮のトップに!?

ところで、韓国と北朝鮮が連邦制になるようなことがあれば、金正恩委員長がそのトップに立つ可能性は十分にある。

仮に誰をトップにするか、選挙が行われたら、北朝鮮の人々は全員が金正恩に投票するだろう。そして、韓国国内には親北派が少なからずいるから、50％を超える票を獲得して、金正恩が統一朝鮮のトップになるというわけだ。

それはあり得ない話ではない。

結局、最終的には経済の問題だ。

今のところは、親北派である文大統領が、中国の存在を頼りにして南北融和路線を突き進んでいるから、韓国が北朝鮮に感化されて赤化するというシナリオで進む可能性が高いが、逆もあり得る。

米中貿易戦争で中国が敗北すれば、中国経済が冷え込むと同時に韓国経済もうまくいかなくなる。そうなれば、韓国国民の間で保守系を求める声が大きくなり、文大統領が失脚して、最終的には経済的に優位に立っている韓国が北朝鮮を呑み込むというシナリオが見えてくる。

ちょうど東西ドイツの統一で、東ドイツが経済力のある西ドイツに呑み込まれ、資本主義化したようなもので、そのときには金正恩政権は完全に終わっている。

そこで追い込まれるのは中国だ。

朝鮮半島が完全に民主主義陣営化してしまうと、中国にも民主化の風が吹き荒れ、中国共産党一党独裁体制の根幹が揺らぐことになる。ソ連崩壊のときと同じである。

そんな中で、統一朝鮮がうまくやれば、ドイツのように発展する可能性もないではない。

今、韓国国民の本音を探るならば、「南北融和は歓迎だが、北朝鮮復興のために自分たちが犠牲になるのは勘弁してほしい」というところだろう。

それと同じような話は、西ドイツと東ドイツが合併したときにもあった。実際、東西ドイツが合併してしばらくは、経済成長も止まってしまった。

だがその後、ドイツは統一により経済圏が広がったことを足掛かりにして、見事に経済成長の波に乗っていった。

非常に難しい道のりではあるが、韓国と北朝鮮にも新たな発展の可能性があるということである。

第五章

ＥＵとロシアの今後を読む

難航するイギリスのEU離脱

イギリスのEU離脱問題、いわゆるブレグジット（Brexit）について、筆者は前著の『ついにあなたの賃金上昇が始まる！』で、「EUとイギリスの交渉はお世辞にもスムーズにいっているとは言えない」と書いたが、現在も離脱交渉は遅々として進んでいない。

そもそもイギリスのEU離脱は、2016年6月のイギリスで行われた国民投票で、離脱賛成（51・9％）、残留賛成（48・1％）という僅差で決まった。それを受け、2017年7月には、テリーザ・メイ首相がEUに対して離脱を正式に通告。2017年6月から、離脱後を巡るイギリスとEUによる交渉が始まった。

EUの法律である欧州連合基本条約（リスボン条約）には、「2年間で離脱をしなければいけない」「離脱する国は各国と直接、話をしてはいけない。離脱国と理事会の間で話をする」「理事会の全メンバーの賛成で話し合いの期間を延ばせる」などと決められているが、イギリスとEUは、「2019年3月にイギリスがEUを離脱する」ということで合意、そのための具体的な交渉期間は2018年10月までとされた。

また、イギリスのEU離脱に伴い、かなりの混乱が予想されるため、2018年3月には、混乱を緩和するための「移行期間」を設けることとなり、2019年3月にイギリスがEUから離脱するのに合わせて「移行期間」がスタートし、２０２０年12月には「移行期間」が終了するというタイムスケジュールが示された。

しかし、筆者の予想通り、交渉は難航することとなった。

イギリス政府は、２０１８年7月12日、ブレグジット後のＥＵとの将来関係に関して次のような白書（提案）を発表した。

【経済パートナーシップについて】

▼ＥＵ単一市場、関税同盟から離脱

▼農産品を含む物品で「自由貿易圏（Free Trade Area)」を確立し、「共通規則」を適用。

▼ＥＵとの通関に関し、イギリスがＥＵ仕向地の物品に対し、ＥＵの関税・通商政策に基づきＥＵに代わり関税を徴収する「ＦＣＡ」(Facilitated Customs Arrangement：円滑化された通関取決め）を提案。

▼イギリス・ＥＵ間では関税、関税割当、原産地規則を導入しない。イギリス・ＥＵはそれぞれのＦＴＡ締結国への輸出に際し、イギリスはＥＵ産も含めて原産地とみなし、ＥＵはイギリス産も含めて原産地とみなす。

▼サービス、投資、デジタル分野は、現在と同等の市場アクセスを相互に得ることはなく、新しい取り決めを追求する。

▼医薬品、化学、航空のEU機関には議決権なしでも資金を拠出し、参加の継続を追求する。
▼金融サービスについては、EUパスポート体制を維持しない。市場アクセスに関し二国間の新協定を提案。イギリスとEU間での規制の相互の自主性を尊重しつつ、それぞれが協定に沿って意思決定することを確保する。
▼人の移動は、2020年末までEU市民は現在と同様の条件で移動、居住、就労が可能。将来的に、英国が国内的な移民規則を決定し、移動の自由は終了。アイルランド人に対しては共通渡航地域合意により特別な措置を継続。
▼イギリスは他国と野心的な二国間協定を追求できるようになる。

だが、EUとしても、イギリスが望むままに、EU離脱を認められるはずはない。

2018年7月19日には、EUの欧州委員会は、「イギリスとの離脱交渉では〝合意なし〟での離脱を含むあらゆる結果に備えて準備を加速するように」と、加盟国と域内企業に要請する文書を公表した。

また、2018年8月21日には、イギリスのラーブEU離脱担当相とEUのバルニエ首席交渉官がブリュッセルで会談し、離脱交渉は「最終段階」を迎えているとしたものの、当初は2018年10月までに離脱条件に関する合意をまとめることとされていたが、それが2018年11月まで先送りされる可能性が出てきたことを明らかにした。

いずれにせよ、イギリスのＥＵ離脱は、長年連れ添った夫婦が離婚するようなものだから、交渉が揉《も》めることは事前にわかっていたことである。

この件について、日本としては交渉の行方を注視していればいいこと。その上で、イギリスとのＥＰＡ（経済連携協定）締結を目指すというのがベストな道だ。

そうした姿勢が重要であることはＥＵに対しても同様だし、ＥＵも日本とのＥＰＡを非常に重要視している。それを象徴するのが次のできごとだ。

わざわざ来日したユンケル欧州委員会委員長

２０１８年7月17日、東京で行われた「日欧定期首脳協議」の後、日本はＥＵとＥＰＡを締結した。

安倍総理とユンケル欧州委員長らが署名、２０１９年3月末までの発効を目指すことになったが、これは日本にとって非常に意味のあることだった。

なにしろ、これが発効すれば、日本とＥＵの間の貿易関税が撤廃・削減されていく。日本にしてみれば、人口6億人、世界のＧＤＰの28％、貿易総額の37％を占める、巨大な自由貿易圏が誕生したわけだ。

欧州委員会委員長のジャン＝クロード・ユンケル氏とトゥスク欧州理事会議長という、ＥＵ

を代表する2人の重要人物が来日したということが、EUにとって日本がいかに重要な存在になりつつあるかを、典型的に示している。

実は、日本とEUのEPAの署名式は、安倍総理の7月11日から18日にかけての欧州・中東訪問に合わせ、17日にベルギーのブリュッセルで行う予定だった。だが、その直前に起きた西日本豪雨に対応するため、安倍総理は外遊を中止せざるを得なくなった。

それに対してユンケル委員長は、予定していた17日に、東京で調印式を行うことを提案、わざわざ来日したのだ。これは前代未聞のできごとだった。

両氏の来日に、日本政府も丁重に対応した。同日16時18分に両氏を迎え18時6分に日欧経済連携協定に調印、署名式が行われた。

その後の記者会見で、安倍総理は「保護主義が広がる中、日本とEUで自由貿易の旗手として世界をリードしたい」と強調。アメリカが保護主義に転じる中で日欧が自由貿易体制を死守する姿勢を表明し、菅官房長官も、その意義について「人口約6億人、世界のGDPの約3割を占める巨大な経済圏をつくり出すもので、アベノミクスの新しいエンジンとなる」と述べたのである。

中国は絶対にEPAを結べない

それにしても、日本のメディアは、ＦＴＡ（自由貿易協定）やＥＰＡの話になると、チーズやワインが安くなるという話ばかりを書き立てる。あれは、ＦＴＡやＥＰＡの本質をわかっていないからだ。

たとえば、日本とＥＵのＴＰＡの協定書は、23章もあって、１３００ページ近くに上る。とても読めないから、役所に「面白いところはどこ？」と聞く。そうなると当然、ワインとチーズの話になってしまうから、それしか報道されない。しかし、本当に意味があるのは、資本の自由化とか、個人データをどういうふうにやりとりするかなど、ルールづくりをしている部分である。

ここで、ＦＴＡとＥＰＡの違いについて触れておこう。

ＦＴＡとは、２つ以上の国、あるいは地域において、関税、輸入割当などの貿易制限的な措置を一定の期間内に撤廃・削減する協定だ。「物品およびサービス貿易の自由化」と言っていい。

一方、ＥＰＡは、２つ以上の国、あるいは地域において、ＦＴＡの要素である「物品およびサービス貿易の自由化」に加え、たとえば人の行き来の自由や投資の自由、政府調達、二国間協力などを含めて締結される包括的な協定のことであり、資本の自由化や、国有企業を民間企業と同列に扱うこと、そして知的所有権などの問題も含まれてくる。

つまり、共産党支配で、資本の自由化を認めるわけにはいかない中国は他国とＦＴＡは結べても、絶対にＥＰＡを結ぶことはできないということだ。だから中国は外国との交渉は全部Ｆ

ＴＡの形をとるしかないのだ。

そして、イギリスのメイ首相は、ＥＵ離脱のための「移行期間」中に、第三国と積極的にＦＴＡ交渉を行う方針を表明している。

そこにつけこみたいのが中国だ。

２０１５年10月には、習近平国家主席がイギリスに国賓として訪問して、イギリスのサマセットでの原発建設への投資や、ヒンクリーポイントでの原子力発電所建設への中国企業の参入など、総額４００億ポンドの大型商談が結ばれたことが報じられた。

中国は、できればイギリスとの関係を深め、国際的な発言力を高めたいと考えている。メイ首相はこの原子力発電所計画については、安全保障上問題があるとして、計画の承認を遅らせる決定を下したが、中国とのＦＴＡ締結についての交渉は継続させている。

イギリスのハント外相は２０１８年7月30日に中国を訪問し、王毅《おうき》外相から、ブレグジット後のイギリスと、ＦＴＡについて協議する用意があるとの発言を引き出した。

その一方で、リアム・フォックス国際貿易相は、２０１８年7月31日と8月1日、日本で安倍総理や茂木敏充経済再生担当相と会談し、「ＴＰＰ11」への早期加盟の意向を表明した。イギリスもまた、ＥＵ離脱後に生き残るためにしたたかに動いているのだ。

こうした状況の中で、日本は中国に先立ち、イギリスとのＥＰＡ交渉を積極的に進めるべきである。

さらには軍事同盟も含めた日英同盟を模索してもいい。経済連携が密になればなるほど軍事同盟のほうもやりやすい。その結果、中国はますます孤立して日本の安全保障もより強固なものになるだろう。

中国はいつの間にか、自国が入れない自由貿易圏であるTPP11や日欧EPAに包囲されている状況を安倍総理につくられたということだ。

習近平国家主席は、さぞかし安倍総理を手強《てごわ》いと感じていることだろう。

展望が開けないEU

前著『ついにあなたの賃金上昇が始まる!』でも書いたが、EUの問題は、「ユーロ」という統一通貨で、広大な地域の為替レートを同一に保っていることにある。

コロンビア大学経済学科教授のロバート・マンデル氏の「最適通貨圏理論」を改めて説明しておこう。

マンデルの「最適通貨圏理論」は、一定の地域の中で、どういう条件のときに1つの通貨で成り立つかを分析して導き出したものだ。それが成立するのは「多数の国の間で経済変動がシンクロしなければならないが、物理的に距離が離れれば離れるほどシンクロしなくなる。そしてシンクロしなくなればなるほど、1つの通貨ではカバーできなくなる」というものだ。

また、人の移動も条件の1つとなる。距離が離れれば離れるほど人の移動は完璧にはできなくなる。その結果、1つの通貨でカバーできる経済圏は規定される。

そしてその理論に従えば、1つの通貨では、フランスやドイツなどのコアメンバー国の範囲しかカバーできず、相対的にユーロに参加することが有利になる国と、不利になる国が出てくるというのである。

現在、ユーロ圏は19か国、人口約3億2600万人を擁する経済圏となっているが、国によって経済状態は違う。それにもかかわらず、同じ通貨を使うのだから、どうしても有利な国と不利な国が出てくるというわけである。

そもそも、国と国の取引においては、為替レートが使われる。この為替レートの水準はその国の経済成長率で決まる部分が大で、為替レートが割安のほうが取引上で有利となる。だが、ユーロ圏では為替レートが同じになる。そのため、経済成長率の高い国はより高い為替レートになるべきところが相対的に低く抑えられる。一方、経済成長率の低い国はより低い為替レートになるべきところが相対的に高くなってしまうことになる。

たとえば、経済成長率の高いドイツは、本来ならもっと高い為替レートになるべきところを、ユーロ体制の中では相対的に優位な立場となり、輸出により大きな利益を上げている。一方、ギリシャ、スペイン、ポルトガルなど、金融危機が危ぶまれる国々は相対的に不利で輸出不振に陥るなど苦しんでいる。この状況は今後も続いていくだろう。

これも、『ついにあなたの賃金上昇が始まる！』で書いたことだが、経済的な面だけで言えば、ギリシャ、スペイン、ポルトガルの正しい選択は「ユーロ離脱」なのだ。

しかし、それらの国々は、EUという市場の中での経済活動を考えれば、なんだかんだ言っても、ユーロという統一通貨体制に入っていたほうがいいと思っているし、安全保障の面からもEUにいたほうがいいと判断している。

一方、政治を含むすべての統合を目指し、ユーロをアメリカのドルに次ぐ第二の基軸通貨にすることを目指しているEUは、あくまでユーロ圏拡大の失敗を認めたくないし、あくまで地域拡大によるプレゼンスの大きさを維持したいと考えている。

筆者に言わせれば、「ユーロをEU全部に広げたいという願望は、通貨に対する政治的野望ということになるが、しかし、そのような野望に執着している限り、ユーロ圏内における経済的な問題を解決する道は見出せない」ということである。

安倍総理とプーチン大統領の仲

米中貿易戦争の只中《ただなか》にある中国にとって、トランプ大統領だけでなく、前述したように安倍総理もまことに手強い相手となっている。

それは、安倍総理が長年政権を維持し、同時に国際社会で積極的に動いてきたからだ。トランプ大統領がいろいろ相談してくるが、自分の意見・日本の立場を１００％押し付けるのでなく、ときにはトランプ大統領のメンツも立てながらやっている。

それはプーチン大統領に対しても同様だ。

２０１４年のソチオリンピックのとき、アメリカのオバマ大統領、フランスのオランド大統領、イギリスのキャメロン首相、ドイツのガウク大統領らが開会式への出席を見送った。プーチン大統領が、ロシアの、「非伝統的な性的関係」を未成年に広めることを禁じた「同性愛プロパガンダ禁止法」を支持しているからという理由だったが、安倍総理はあえて出席した。

２０２０年夏の東京オリンピック開催をプーチン大統領が支持して、アルゼンチンのブエノスアイレスで開かれた国際オリンピック委員会での投票に１票を投じてくれたことに対するお礼だったとも言われたが、それだけが理由だったわけではないだろう。

また、筆者は２０１８年のロシアワールドカップのとき、日本がベスト8に進んでいたら、安倍総理はロシアに観戦に行って、プーチン大統領と会っていたのではないかと思う。さすがにベスト16ではちょっと恥ずかしいから行かなかったが、そういうつながりが外交で大きな力となるからだ。

そうした各国の首脳との関係を中国の習近平国家主席も目にしていて、安倍総理をないがしろにできない相手だと考えているに違いない。そういう意味で、安倍総理の存在が、覇権主義国家・中国の無謀な行動を牽制《けんせい》する役割を果たしている部分も大きいと考えている。

筆者が驚いたのは、ベトナムが、日本が主導するTPP参加を決めたときだ。ベトナムは2010年3月のTPPの第1回会合から参加し、2016年2月に協定に署名して参加国となった。

ベトナムは、中国同様、社会主義国だが、TPPに参加するということは、まさに「社会主義国をやめる」という宣言であり、「中国と同じ道を歩むのはいやだ」という意思表示であり、中国と完全に袂《たもと》を分かつということを意味していた。

その結果、アジアにおける中国包囲網はさらに絞られることになった。今後も、安倍総理が先頭に立つことで、中国包囲網はますます強固なものになっていくに違いない。

それはさておき、ここでロシアの経済状態はどうなっていくのかについても見ておこう。

日本の4分の1しかないロシアのGDP

大国のイメージが強いロシアだが、実は経済規模で見ると思いのほか小さい。2017年の名目GDPは1兆5275億ドルで世界第12位。11位の韓国1兆5380億ドルより小さく、日本の4兆8721億ドルと比較するとほぼ4分の1にとどまる（図⑰）。

そのロシア経済だが、2015年の実質GDP成長率はマイナス2・5%、2016年はマイナス0・2%と縮小した。（図⑱）これは、クリミア併合に対する経済制裁の影響だった。

図⑰ ロシアの経済力（2017年名目GDP）は世界12位

出典：IMF - World Economic Outlook Databases (2018 年 4 月版)

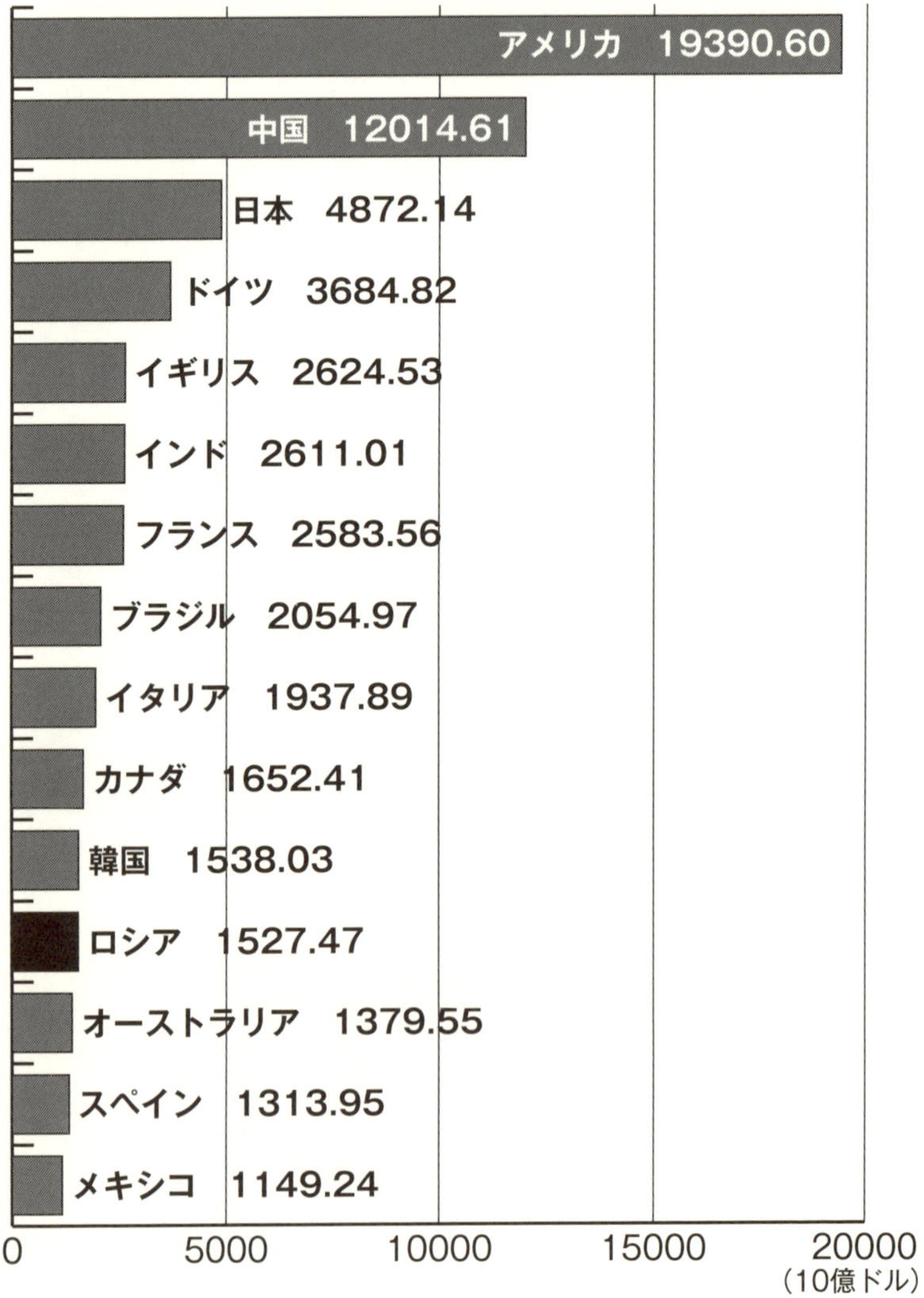

２０１４年２月にウクライナの親ロシア政権が崩壊した直後、ロシアはウクライナ南部でロシア系住民が多いクリミア半島に軍を展開し、３月の住民投票でロシア編入賛成が圧倒的多数を占めたとして併合に踏み切った。それに対し、国連総会で併合を無効とする決議が採択され、アメリカやＥＵから経済制裁も科された。

その内容は当初、ロシア政府・財界要人の入国禁止および彼らの在外資産の凍結などが主だったが、その後、追加制裁としてロシアのエネルギー関連案件および大銀行への融資の禁止、エネルギー開発関連技術の供与の禁止、ロシアでの投資案件に対する融資の禁止なども加えられた。

また、ロシア経済は天然エネルギーに大きく依存しているが、２０１４年４月くらいか

図⑱ ロシアの経済成長率の推移

出典：IMF - World Economic Outlook Databases（2018 年 4 月版）2018年は推定値

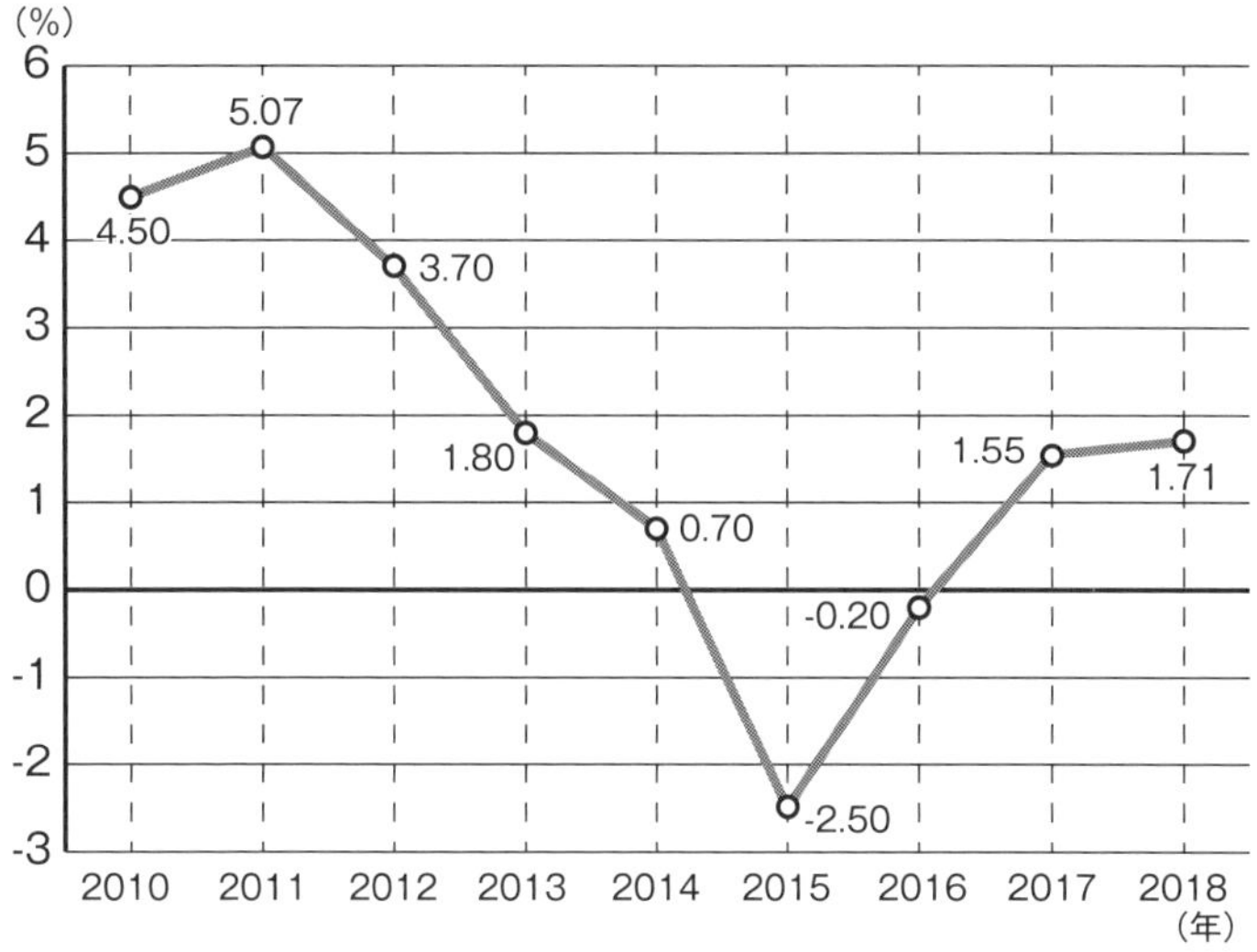

ら原油価格が下落し始め、1バレル＝100ドル程度から2015年初めにはほぼ半値となった影響も大きかった。その後も原油価格は下がり続け、2016年2月には1バレル＝30ドルレベルまで低下、ロシア経済を直撃した。しかし2016年末までに1バレル＝50ドル台に回復すると、ロシア経済も徐々に回復、ソ連が崩壊した1991年末には約680億ドルもあった対外債務も、2017年にはついに完済した。

しかし、天然エネルギーを頼りとするロシア経済の脆弱性《ぜいじゃくせい》は構造改革をしなければ解消できない問題である。原油価格が下落すると、ロシアに対する信用が落ち、ルーブルも下落する。多くのモノを、EUをはじめとした外国からの輸入に頼っているロシアの物価は上昇し、国民の生活を直撃する。

また、ロシアでは住宅ローンを外貨建てで借りている人が多い。そのため、ルーブルが下落して返済額が膨れ上がった庶民が、返済条件の見直しを迫って銀行に押し寄せるという騒ぎが起きたこともあった。

こうした状況を脱するには、経済構造改革が必要であることは明白だが、それがなかなか進んでいないのが現状だ。

大企業をコントロールしたプーチン大統領

ロシアが経済を立て直す手っ取り早い方法としては、先進国から資本と技術を積極的に導入して、経済発展を目指すという道がある。しかし、プーチン大統領は、国家による主要産業へのコントロールを重視する姿勢を崩していない。

そもそも、ソ連崩壊後のロシアでは、政治家や官僚組織と癒着し、国営企業の払い下げを受けたり、少ない投資で経営権を手に入れたりすることで大きな利益を上げた新興財閥が急激に力をつけていた。

旧ソ連時代にガス工業省が中心となって形成された国家コンツェルンであるガスプロムから民営化により形成されたガスプロム・グループや、旧ソ連時代の3つの石油採掘企業から構成されたルクオイル・グループ、さらにウラジーミル・グシンスキーのモスト・グループ、アレクサンドル・スモレンスキーのSBSアグロ・グループ、ミハイル・フリードマンのアルファ・グループなどの金融資本がその代表だ。

しかし、2000年5月に大統領に就任したプーチンは、これら新興財閥の中でも自分に歯向かう財閥は政治的脅威になるとして、検察当局を使って、詐欺や脱税の罪で次々と摘発し、排除していった。

またプーチン大統領は、それと同時に、主要産業に対して、国によるコントロールの維持や売却価格の厳正な管理、さらに投資家がロシア領内に居住することなど、様々な条件を要求したとされる。

そしてプーチンが大統領になった２０００年以降、２００４年の大統領選挙で再選を果たし、２００８年に後任のドミトリー・メドヴェージェフ大統領の指名によって首相に就任するまでの間、ロシアの実質ＧＤＰ成長率はかつてないほどの高さを保った。

８年間のプーチン政権でロシア経済は危機を脱して大きく成長し、ＧＤＰは6倍に増大し、平均月給は80ドルから６４０ドルに増加したのだ。

その成果を目の当たりにして、ソ連崩壊後は一部の財閥だけが潤い、生活が苦しくなる一方だったロシア国民は、プーチン大統領に喝采を浴びせた。

日本はロシアの天然資源を狙え

そのプーチン元大統領は、メドヴェージェフ大統領に命じて大統領任期を4年から6年に変更させた上で、２０１１年9月にはモスクワで開催された統一ロシアの党大会で２０１２年大統領選挙に立候補することを表明。２０１２年3月４日の大統領選挙に出馬して約63％の得票率で当選、5月7日には正式に大統領に就任した。さらに、２０１８年3月18日の大統領選挙では得票率76％でまたまた圧勝した。ロシアの憲法では大統領は2期までと決まっていたが、１期目、２期目が終わった後、間にメドヴェージェフを挟んで、任期を延長した上で、３期目、４期目と大統領の座に座り続けているのである。

ちなみに任期は2024年までだ。このやり方はちょっとずるいと思うが、ロシア国民のプーチン大統領に対する支持は今なお高い。

しかし、原油価格に左右されて構造改革が一向に進まないロシア経済の先行きは決して明るくない、と筆者は見ている。どん底から回復したとしても、景気後退期前の水準である1～2%程度の低成長が続くだろう。今はまだプーチン大統領を支持しているロシア国民が景気低迷が続く現状に不満を漏らすようになるのは時間の問題だ。そんな中、プーチン大統領は難しい国家運営を続けていかざるを得ないのである。

国際社会からは、ウクライナ問題でまたまだ叩《たた》かれるだろうが、プーチン大統領は中東情勢が不安定になればいいと割り切っているだろう。中東が混乱すれば、石油価格が上がる。それはロシア経済にとって大きなプラスだからだ。

一方、そんなプーチン大統領と頻繁に会っているのが日本の安倍総理だ。

2018年5月26日、安倍総理はモスクワでプーチン大統領と会談したのに続き、9月10日にもウラジオストクで会談を行った。外務省のホームページによると、両首脳の会談は22回目だった。

その2日後の13日には東方フォーラムにも出席、その場でプーチン大統領が突然「今年の暮れまでに日露間で平和条約を締結しよう」と提案し、同行したメディアは色めき立った。

しかし、安倍総理はまったく動じなかった。

もちろん、安倍総理の頭の中には北方四島問題があるだろう。

しかし本音を言えば、狙いはロシアの石油や天然ガス資源なのではないか。

今は、石油をもっぱら中東に依存している状態だが、今後、シェールガス革命で石油輸出国となったアメリカからもかなりの石油が入ってくることになっている。そこにロシアからの石油ルートが確立できれば、3ルートを確保できることになるし、アメリカからの圧力に対抗するカードにもなり得るからだ。

反安倍メディアは、「会っているだけでなんの成果も上がっていない」などと言うが、それでいいのだ。別にあせって交渉する必要はない。

ロシアという国は経済的に危なくなると、ポンと北方四島の話を出してくる可能性がある。なにしろ、他国との国境が多く長い国だから紛争は多いのだが、場合によっては武力に訴えることなく経済的に解決してきた歴史がある。

たとえばアラスカなどが典型的なケースだ。あの地にロシア領アメリカが成立したのは1804年のことだったが、クリミア戦争（1853〜1856年）の後、財政難に陥り、1867年にアメリカに720万ドルで売却した。そういう意味では、日本にとってソ連が崩壊したときがチャンスだった。四島返還に拘《こだわ》らず、二島返還を実現しておけば、今頃は「次の残りの二島返還を」ということになっていたかもしれない。

北方四島問題はもう70年以上結果が出ていないので、結構大変だが、これから30年かけてやっていけばいい。まずは安いロシアのエネルギーを持ってくる仕組みをつくって、その後、じっくりと北方領土返還の交渉を進めていけばいいのだ。

ロシアは今、「東方シフト」を打ち出している。ロシアの最大の輸出産物が、石油や天然ガスなど鉱物性燃料であることはここまでも述べてきたが、主な輸出先であったEU諸国はすでに成熟して、もはやかつてのような経済成長は望めなくなっている。それを踏まえて、プーチン大統領は、アジア太平洋諸国との関係を強化し、極東・シベリア地域の開発を進めることで経済力の強化を図ることを目指している。

実際、2017年のロシアからAPFC（アジア太平洋経済協力）諸国向けへの貿易額は2017年には約865億ドルに達した。これは10年前の429億ドルの約2倍に当たる額である。

そんな中、ロシアは2014年3月にウクライナに軍事介入し、クリミア併合を宣言した。それに対して、アメリカとEUは、同年7月末には、ロシアの金融、エネルギー、防衛産業の市場へのアクセス制限や、軍事用としても非軍事用としても利用可能な「デュアル・ユース品目」の取引を制限するなどの経済制裁に踏み切り、それ以降も経済制裁を強化・延長している。

2017年8月には、トランプ大統領が対露制裁法に署名し、ロシアの政府系金融機関対する30日超のファイナンスの禁止、同国のエネルギー企業に対する90日超のファイナンスの禁止、同国防衛企業に対する30日超のファイナンスの禁止、シェールオイル・プロジェクトなどに用いられる物品等の提供禁止なども決定した他、ロシアの輸出パイプラインの建設・拡張・修理などへの投資や技術・情報など提供禁止などの新たな経済制裁も発表した。

これらの経済制裁のロシアの影響は、短期的にはそれほど大きいものではないとされるが、中長期的に見ると、外国からの資本流入の低迷の継続や、極東・シベリア地域の開発資金不足などをもたらすこととなり、プーチン大統領としては、なんとか打開したいところである。

そんな中、プーチン大統領が日本に期待している部分は少なくない。プーチン大統領が、「日本から経済協力を得られるなら、領土問題についてはある程度譲歩してもいい」と判断する可能性も出てくるだろう。

第六章

収穫期に向かうアベノミクス

２０１９年は本格的な賃金上昇の始まりの年

今、日本はアベノミクスによる果実の収穫期を目前に控えている。

失業率は下限となり、有効求人倍率も上昇、働き手とその需要がマッチしてきている。企業が忙しくなって人手が足りなくなると、その後に待っているのは賃金上昇だ。

２０１９年は、〝本格的な賃金上昇時代の始まりの年〟になるだろう。

その一方で、働き方も変わってくる。安倍政権は今、積極的に働き方改革を進めているが、世の中が兼業や副業をどんどん認めるようになっていく。

２０１８年6月29日には、参院本会議で、安倍首相が最重要課題と位置付けていた「働き方改革関連法案」が与党と日本維新の会などの賛成多数で可決、成立した。

働き方関連法は、「雇用対策法」「労働基準法」「労働時間等設定改善法」「労働安全衛生法」「じん肺法」「パートタイム労働法（パート法）」「労働契約法」「労働者派遣法」の8本を束ねたもので、２０１９年4月から順次導入されることとなっている。

その大きな柱は、高収入の専門職を労働時間規制から外す「高度プロフェッショナル制度（高プロ）」の創設と、正社員と非正規労働者の格差改善を図る「同一労働・同一賃金」の適用の2本だ。

また、法案を要しない分野では、２０１７年3月28日に、いち早く「働き方改革実行計画」が決められており、その中で、副業・兼業の普及促進が進められている。

これまで8割以上の企業で副業が禁止されていたが、副業についての法的な縛りがあるわけでなく、副業禁止は社会慣行であった。

その慣行の根拠とされていたのが、厚生労働省がこれまで策定していた旧「モデル就業規則」である。

常時10人以上の従業員を使用する経営者は、労働基準法により、就業規則を作成し、所轄の労働基準監督の署長に届け出なければならないとされていた。その際、参考とされていたのが旧「モデル就業規則」である。その結果、多くの企業で実際に副業禁止となっていた。

たとえば遵守事項として「許可なく他の会社等の業務に従事しないこと」が定められており、これに違反した場合には、懲戒事由にあたるとされてきた。

この旧「モデル就業規則」はあくまでモデルなので、企業に対する拘束力はなかったものの、「会社員が副業なんてしちゃいけないよね」という就業慣行の形成に一役買っていたのである。

しかし安倍総理の元でつくられた新しい「モデル就業規則」では、この遵守事項が削除され、副業・兼業が次のように新たに加えられた。

【第14章　第67条　副業・兼業】

1　労働者は、勤務時間外において、他の会社等の業務に従事することができる。
2　労働者は、前項の業務に従事するにあたっては、事前に、会社に所定の届出を行うものとする。
3　第1項の業務に従事することにより、次の各号のいずれかに該当する場合には、会社は、これを禁止又は制限することができる。
①労務提供上の支障がある場合
②企業秘密が漏洩する場合
③会社の名誉や信用を損なう行為や、信頼関係を破壊する行為がある場合
④競業により、企業の利益を害する場合

新しい「モデル就業規則」の中身

新たな「モデル就業規則」では、労働者の副業・兼業について、裁判例で、労働者が労働時間以外の時間をどのように利用するかは基本的には労働者の自由であることが示されていることを踏まえて、第1項において、労働者が副業・兼業できることを明示し、これまでの「副業・兼業の原則禁止」から「副業・兼業の原則自由」に大きく方向転換が図られることとなった。

こうした政府の方針転換の背景には、働き方改革というより、アベノミクスの金融緩和によ

って実現した人手不足がある。

これまでのように、副業・兼業禁止で、労働者を企業に縛り付けておく「働かせ方」では、人手不足は解消しないからだ。

言うまでもないが、人手不足は企業にとっては賃金上昇要因となり決して好ましいことではないが、労働者にとっては朗報である。

会社に副業・兼業禁止規定があると、労働者が別の会社で働いて収入を得ることは不可能だ。しかし、副業・兼業が認められれば、たとえば残業代が十分出ない場合、勤務している自社に縛られずに別途の収入を得る機会を自分のものとすることになる。

また、人手不足に悩む会社にとってもプラスだ。無理のない形で労働力を確保できる道も開かれ、より望ましい経営環境となるだろう。

さらにそうなれば、いろいろな働き方ができるから、労働者が劣悪な職場に拘束されることもなくなり、「ブラックな労働環境」も姿を消していくだろう。

何より、労働者が他の労働環境を知ることになり、企業にとっては副業・兼業禁止で縛っていたときよりも、自社のメリットを強調せざるを得なくなる。

これはいい意味で、従来の「日本型企業」に大きな刺激を与えるだろう。兼業・副業をステップの場として、他の企業を知った人の中には、「もう企業に縛られたくない」という人も出てくるだろう。これは、日本型雇用環境を労働者のほうから捨て去る契機になるかもしれない。いずれにしても、企業もうかうかしていられなくなる。

そして労働者の収入が増えれば、当然のように消費も増え、日本全体の景気もよくなっていくのだ。

目の前には断崖絶壁も

ただし、いいことばかりではない。日本の経済構造が大きく変わりつつある中、多くの企業がリストラを断行していくだろう。

2017年にはニコングループが1000人の人員削減をして話題になったが、2018年に入ってからも、NECが2020年度に向けて国内で3000人の人員削減を発表したし、富士フイルムホールディングスも傘下の富士ゼロックスを再構築して世界で1万人を減らすと発表した。

リストラを急ぐのは、電機・ハイテク関連業界ばかりではない。特に銀行業界がリストラへの動きを加速化されている。

三菱UFJフィナンシャル・グループは、2023年度までに窓口のある店舗を半減して9500人分の業務を削減するとしている。また、三井住友フィナンシャルグループは4000人分の業務量削減を、みずほフィナンシャルグループも1万9000人の人員削減を発表している。

銀行界ではＩＴの進化により、大量のリストラ難民が誕生しようとしているのだ。最近、フィンテック（Fintech）という言葉をよく耳にするが、ＩＴを活用した新たな金融サービスのことだ。従来は人が行っていた業務を自動化したり、人には扱いきれない大量のデータ（ビッグデータ）を分析したりできるようになり、それを利用した商品を開発した結果、もはや窓口業務や人による経理の仕事は必要なくなってきているのだ。

こうした動きは銀行業界に留まらない。さらに多くの業界に波及していくだろう。つまり、2019年以降、5年くらい先までは、大量リストラという名の断崖絶壁が待ち構えているということだ。


そのターゲットとなるのは、言うまでもなく中高年齢層である。どんなに人手が足りないからといって、時代についていけない中高年齢層を雇い続けてくれる企業はない。これまでは関連会社や子会社に行くという道もあったかもしれないが、それも無理だろう。どんなに頑張って会社にへばりつこうとしても、それが許されることのない時代がやってくる。

それに対抗するには、たとえば、シンガーソングライターの小椋佳氏のような生き方をするしかない。彼はかつて筆者が大蔵省の証券局で銀行の担当をしていたとき、第一勧業銀行のＭＯＦ担当だった。ほぼ毎日のように顔を合わせていた時期があるのだが、そのときは忙しくて

1年間ほど曲をつくる時間もないと嘆いていた。

そもそも彼がMOF担当になったのは、第一勧銀の幹部が「人気者の彼を使って仕事につなげよう」と目論《もくろ》んでいたからに違いないと筆者は思っているが、まるで逆効果だった。

筆者としては、月に1、2回飲みに行って、彼の生歌を聞けるのだからとてもうれしかったが、逆に第一勧銀からの案件についてはは全部拒否せざるを得なくなった。

小椋氏自身はとてもいい人だったから、力になってあげたかったのだが、他銀行のMOF担当が、みんな彼がMOF担当だということを知っているものだから、普段なら目こぼしできるような案件でもOKというわけにはいかなくなったのである。

それはさておき、彼のように才能というか好きなことがあれば、それを副業にすればいい時代になるということだ。

たとえば、外国語が得意なら通訳を副業でやるという手もあるかもしれない。そうやって次に生きる道を探していくしかない時代がやってくるのだ。

要するに、典型的日本の会社人間になっていてはダメだということであり、個人としてどう生きるかを考えなければならない時代になるということである。

プライドなんて捨ててしまえ!

これからは、複数の顔を持って働くのが当たり前の世界になっていくだろう。別に職種が競合していなければＯＫだし、極端な場合、朝と夜に働くのも構わないことになる。一定の時間は会社で働いて、空いた時間はバーテンダーをやったり、農業をするのもいいだろう。

そのためには覚悟が必要だ。「プライドなんて捨ててしまえ」ということである。

それまで部下のいる役職についていたとしても、そんな経歴はなんの役にも立たない。むしろ、１人の人間として生きていく上では邪魔になるばかりだ。

そういう意味では、「これから断崖絶壁を迎える5年間のうちに、少なくともプライドはなくせ。その覚悟をしろ」ということが大切になってくる。

また、体力（それはちょっとした能力と言い換えてもいい）も必要だ。能力がない上に体力もない。でもプライドだけはあるという人が真っ先に断崖絶壁から落ちることになる。

比較優位という言葉を知っているだろうか。イギリスの経済学者デヴィッド・リカードが18世紀に提唱した概念だが、「自由貿易においては、各経済主体が自分の最も優位な分野に特化し集中することで、それぞれの労働生産性が増大されて、お互いにより高品質の財やサービスと高い利益・収益を享受できるようになる」という理屈だ。

これを一個人に当てはめれば、生き延びるのにすべての点で他者より優れている必要はない。どこかちょっとでも優れたところがあれば、それを活《い》かして生きていけるという話になる。後はプライドをなくせばいいだけだ。

この比較優位の話でよく出されるのが、アインシュタインと秘書、あるいはアインシュタインと掃除夫の例である。

アインシュタインが研究はもちろんだが、タイピングや掃除なども、秘書や掃除夫よりも有能にこなせるとしよう。このときアインシュタインは秘書と掃除夫に対して絶対優位にあり、秘書と掃除夫はアインシュタインに対して絶対的劣位に立っている。

しかし、アインシュタインに秘書業務に専念させようと思う人はいない。雇った秘書に秘書業務を全部任せて、アインシュタインは研究に専念させるべきだと考える。

また同様に、仮にアインシュタインが誰よりも速く美しく掃除をこなせたとしても、掃除夫を雇ったほうがいいと判断するはずだ。

現実社会では、秘書にはタイプを打たせたほうがいいし、掃除夫には掃除をさせたほうが合理的だと考える。そこで、掃除夫は掃除が最も得意なら清掃業務において比較優位を持ち、秘書は優れた秘書業務のスキルを持っていれば、その分野において比較優位を持つことになる。

つまり、全部に優れている必要はなく、相対的にどっちがいいかというだけの話だ。

そして人には必ず相対的にいい部分が1個はあるはずだ。その1個があれば、「プライドさえなければなんとかなるんだよ」ということだ。

およそ、凡人はみんな、他者を凌駕《りょうが》するような素晴らしい能力など持っていない。相対的に自分が優位な部分を探せばいいだけだ。それが比較優位の原則である。これは、人生をまっとうする上で役立つ数少ない経済理論の1つである。

目前に迫っている〝賃金上昇期〟

筆者は、前著『ついにあなたの賃金上昇が始まる!』で、「アベノミクスは確実に成果を上げつつあり、今後、日本は賃金上昇に向かう」と、自信を持って予測したが、その根拠として、完全失業率の低下と有効求人倍率の上昇を挙げた。この2つは景気の動きと連動するからだ。

完全失業率の低下と有効求人倍率の上昇は、今も続いている。

完全失業率を見ると、2016年は1年を通して3%を切ることがなかったが、2017年に入ると3%を切り、2018年に入ってからは2・4%から2・5%と極めて安定している。失業率が3%を切るということは、働く意思さえあれば、ほぼ全員職に就ける〝完全雇用の状態〟である(図⑲)。

当然、企業は人手不足の状態だ。だから正社員の有効求人倍率が上昇している。たとえば、2016年1月の有効求人倍率は0・81倍だったが、2018年4月には1・09倍まで上昇。新規求人倍率に至っては、2016年2月の1・19倍から2018年4月の1・58倍へと右肩上がりを続けている(図⑳)。

そうした企業の人手不足を裏付けるように、大学卒の就職戦線はまさに売り手市場となっている。厚生労働省と文部科学省が共同で調査して公表した「平成30年3月大学等卒業予定者の就職内定状況」(2018年4月1日現在)によると、大学生の就職率は98%(前年同期比0・4ポイント増)となり、1997年3月卒の調査開始以降、同時期での過去最高を記録している。

では賃金上昇はどうか。

所定内給与額の推移は、男性は2013年の32万6000円から2017年の33万5500円に、女性も2013年の23万2600円から2017年の24万5100円に上昇(図㉑)。大学新卒者の初任給も男子は2013年の20万2000円から2017年の20万7800円に、女子も2013年

図⑲ 完全失業率の推移

出典：総務省統計局労働力調査　長期時系列データ

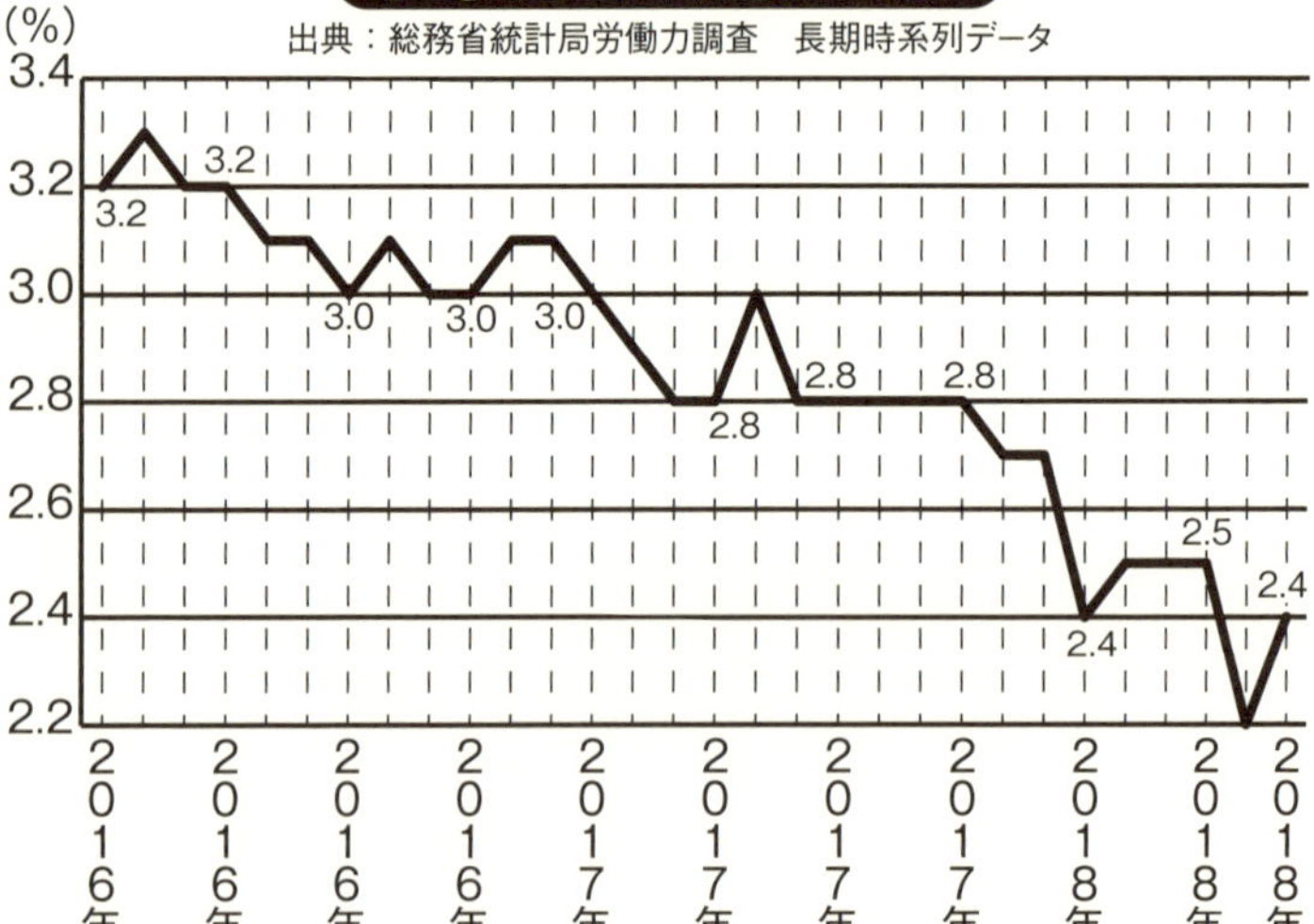

図⑳ 正社員の新規求人倍率と有効求人倍率の推移

出典:厚生労働省　正社員労働市場関係指標(季節調整値)

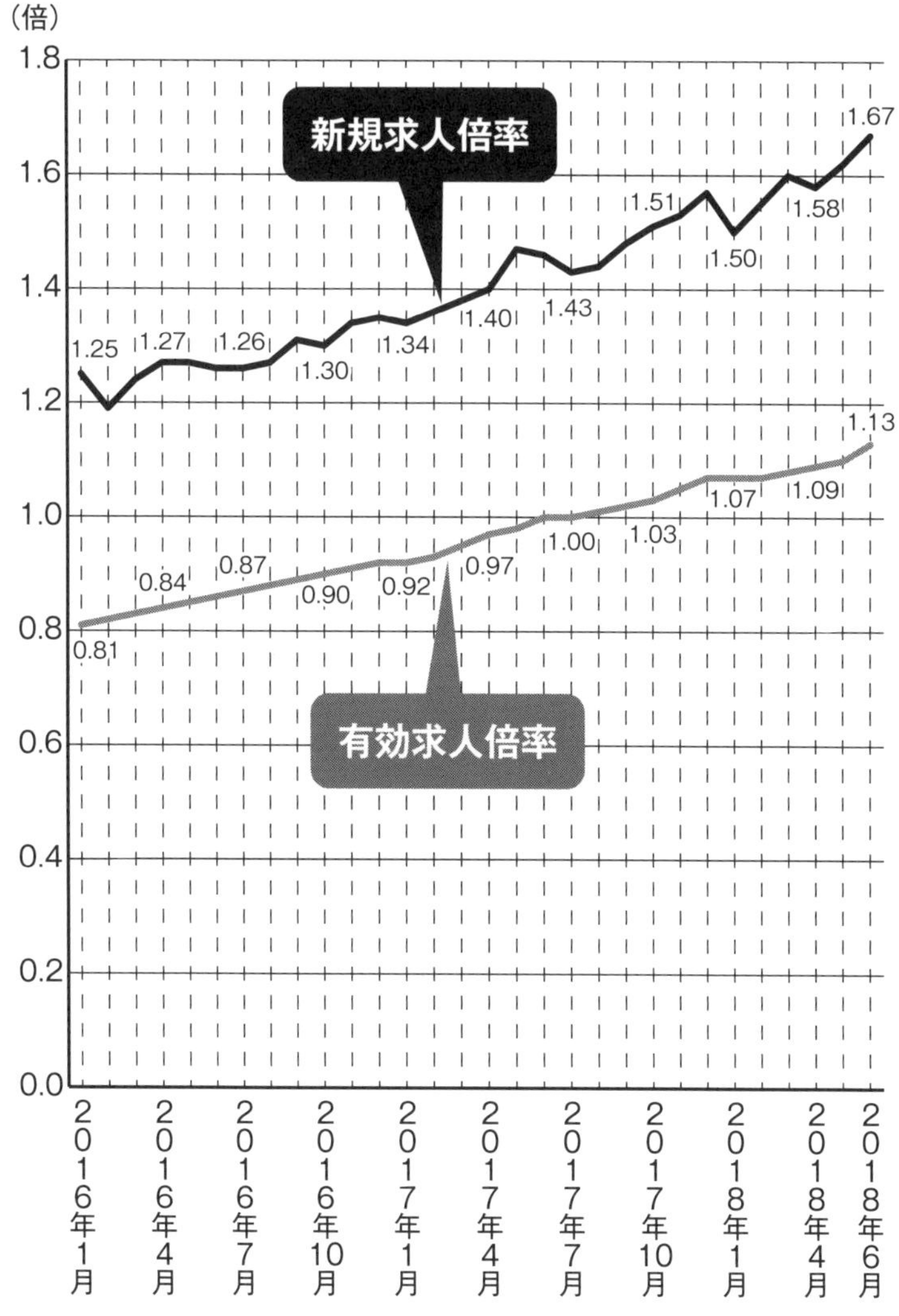

図㉑ 所定内給与額の推移

出典:厚生労働省　賃金構造基本統計調査

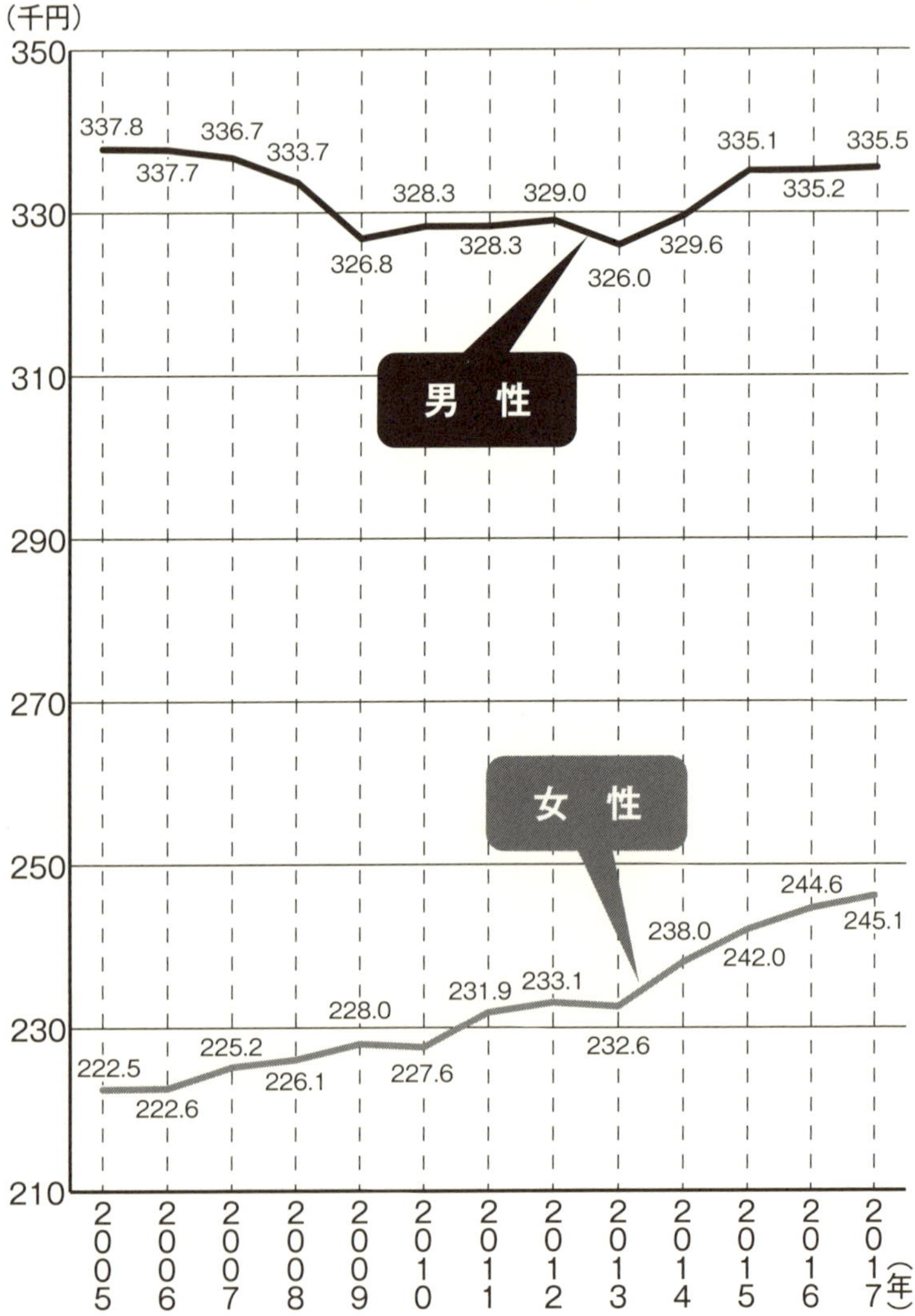

図㉒ 新規学卒者（大卒男子・女子）の初任給の推移

出典:厚生労働省　賃金構造基本統計調査

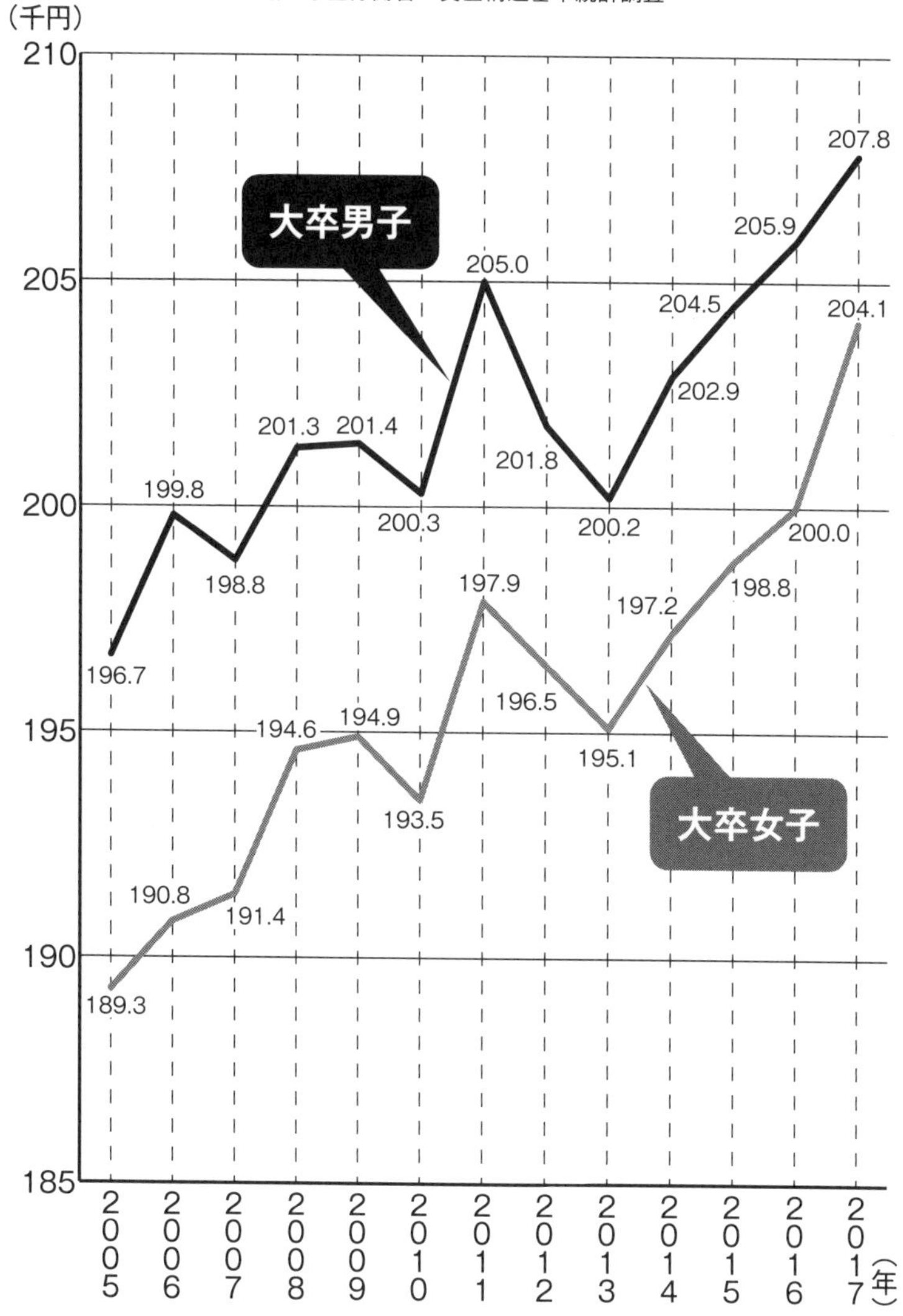

の19万5１００円から２０１７年の20万4１００円へと上昇している（図㉒）。

これに対して、メディアの多くは「実質賃金は下がっている」などと報じているが、それはあまり心配する必要はない。

実質賃金は、正社員や契約社員、パートタイム労働者を合わせた全労働者を対象にしているため、たとえばパートタイム労働者の比率の上昇が実質賃金の押し下げ要因となっていた。しかし、ここまで完全失業率が下がり、正社員の有効求人倍率が高くなってくると、企業は少々高い給料を払ってでも正社員を確保せざるを得なくなる。

つまり、まずアベノミクスの金融緩和で金利が下がり、企業の経済活動が盛んになってきた。その結果、人手不足となり雇用が拡大して、賃金が上がっていくというわけだ。難しく考える必要はない。賃金が上昇するかどうかはそれだけの話なのだ。

現状は、その最後の部分で多少のタイムラグが生じているにすぎない。日本の賃金上昇が実感できるようになるのはこれからだ。今まさに、日本は〝賃金上昇期〟を目前にしていると言える。

日本の失業率は目指すべき下限に達した！

そもそも、失業率と賃金上昇率（インフレ率）には一定の相関関係があって、賃金上昇率が高い状況では失業率が低下し、逆に失業率が高いときは賃金上昇率が低下するとされている。

　それを図式化したのが図㉓だ。これはフィリップス曲線と呼ばれているが、ニュージーランド生まれの経済学者、アルバン・Ｗ・フィリップスが、１９５８年に発表した理論を図式化したものだ。

　フィリップスはイギリスの１８６１年から１９５７年にかけての長期データに基づき、イギリスにおいては貨幣賃金の上昇率が高いほど失業率は低く、逆のときは失業率が高いという関係が１つの曲線で示され、その位置、形状がこの時期に関するかぎりほぼ安定して変わらないことを明らかにした。

　日本経済は、１９９１年に安定成長期が終焉《しゅうえん》した後、20年以上にわたって景気の低迷（好景気時でも実質経済成長率が５％以下）が続き、失

図㉓ 賃金上昇率と失業率の関連性を示す曲線

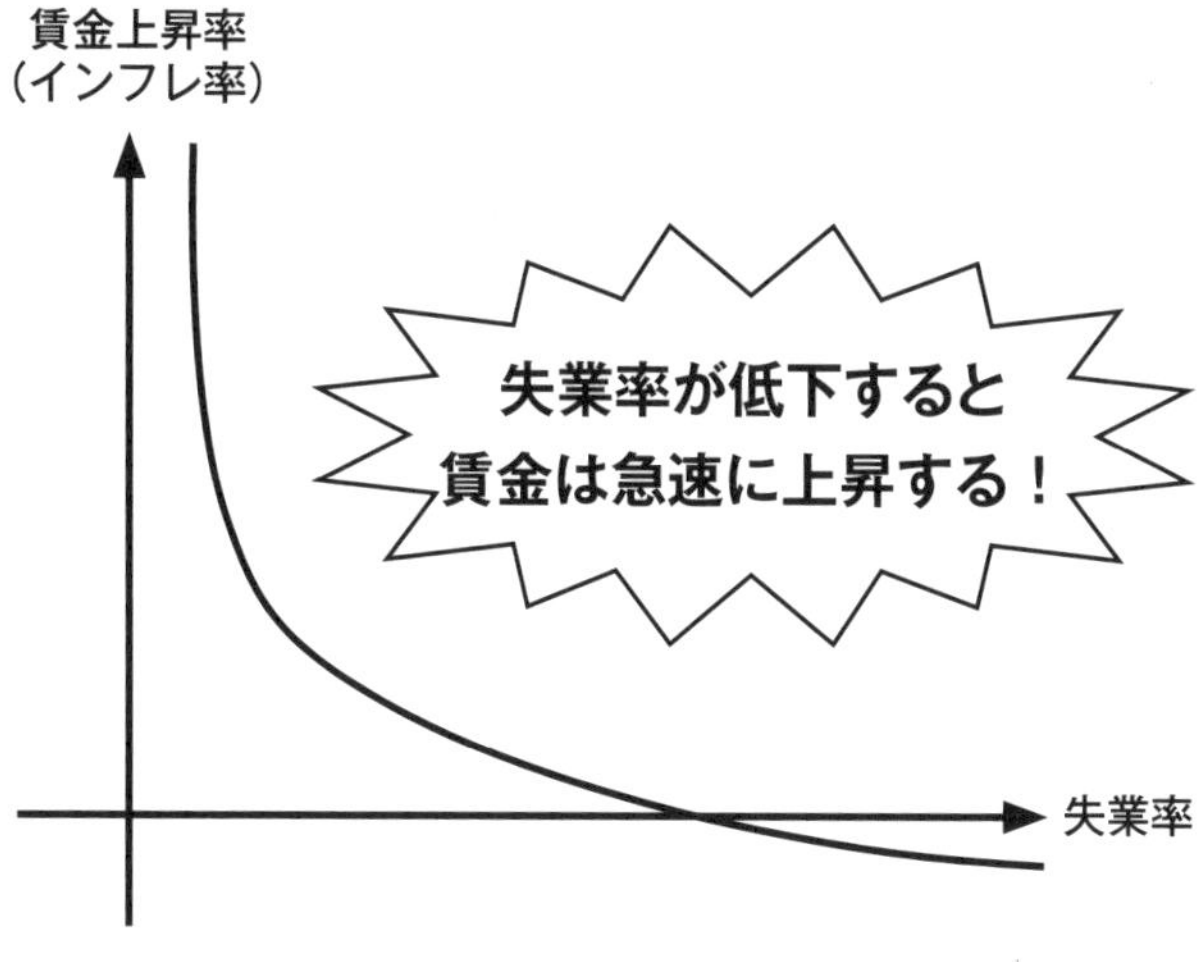

われた20年などと言われ、インフレ率も2％を割る状態が続いていたが、それに対して、安倍政権はアベノミクスを断行し、前述したように失業率は下限に達し、有効求人倍率も、これまでなかったほどの水準になっている。つまり、繰り返しになるが次は賃金上昇が始まることは間違いないのだ。

それにしても、なぜ今、日本は20年以上に及ぶ景気低迷から脱しようとしているのか。

それはアベノミクスが成功しているからだ。安倍政権は明確なインフレ目標を掲げ、大幅な金融緩和策に打って出た。少々時間はかかったが、今、その効果が着実に出始めている（図㉔）。

少々気が早いが、2、3年もすれば、出口戦略も考えなければならない時期も来るだろう。

そもそも安倍政権はインフレ目標2％を掲げて金融緩和政策を推し進めてきたが、その背景にあったのは、NAIRU《ナイル》（Non-Accelerating Inflation Rate of Unemployment：インフレ非加速的失業率）である。

失業率がある水準を割り込むと、インフレが急激に加速すると言われている。あまりに急激なインフレは庶民の生活を直撃し、社会を混乱させてしまうから、それは避けなければならない。

NAIRUはそうした急激なインフレを生じさせない失業率の下限のことだと理解すればいい。

一般的に、インフレ率と失業率は逆相関の関係にあるとされるが、NAIRUを達成する最小のインフレ率をインフレ目標に設定する。

そして、失業率がNAIRUに達するほど低くない場合は、インフレ率もインフレ目標に達しないので金融緩和を行うが、失業率がNAIRUに達した後は、インフレ率がインフレ目標よりも高くなれば金融引き締めを行うというのが基本動作である（図㉕）。

なお、この図は縦軸が失業率、横軸がインフレ率となっており、前の図㉓は縦軸がインフレ率、横軸が失業率と異なっている。少し説明すると、図㉓は伝統的なフィリップス曲線の図であり、こうした図では縦軸のほうに関心が行く。というのは、かつては、失業率よりもインフレ率に関心があったので、伝統的な図では縦軸がインフレ軸になっている。

しかし、本書では、雇用つまり失業率がより重要という観点であるので、あえて伝統的な図と異なり、縦軸に失業率をとっている。もちろん、理論としてはどちらが縦軸でも横軸でもいい。


それはさておき、私は、日本のNAIRUは2％半ば、もしくは2％の前半だと推計してきた。失業率がそれぐらいまで下がると、それ以降、賃金が上がり出す（もちろん業界・業種によって多少の違いはあるが……）。

ちなみに、NAIRUを達成するインフレ率は「潜在GDP」や「GDPギャップ」などを分析して設定される。

出典:IMF-World Economic Outlook Databases(2018年4月版)

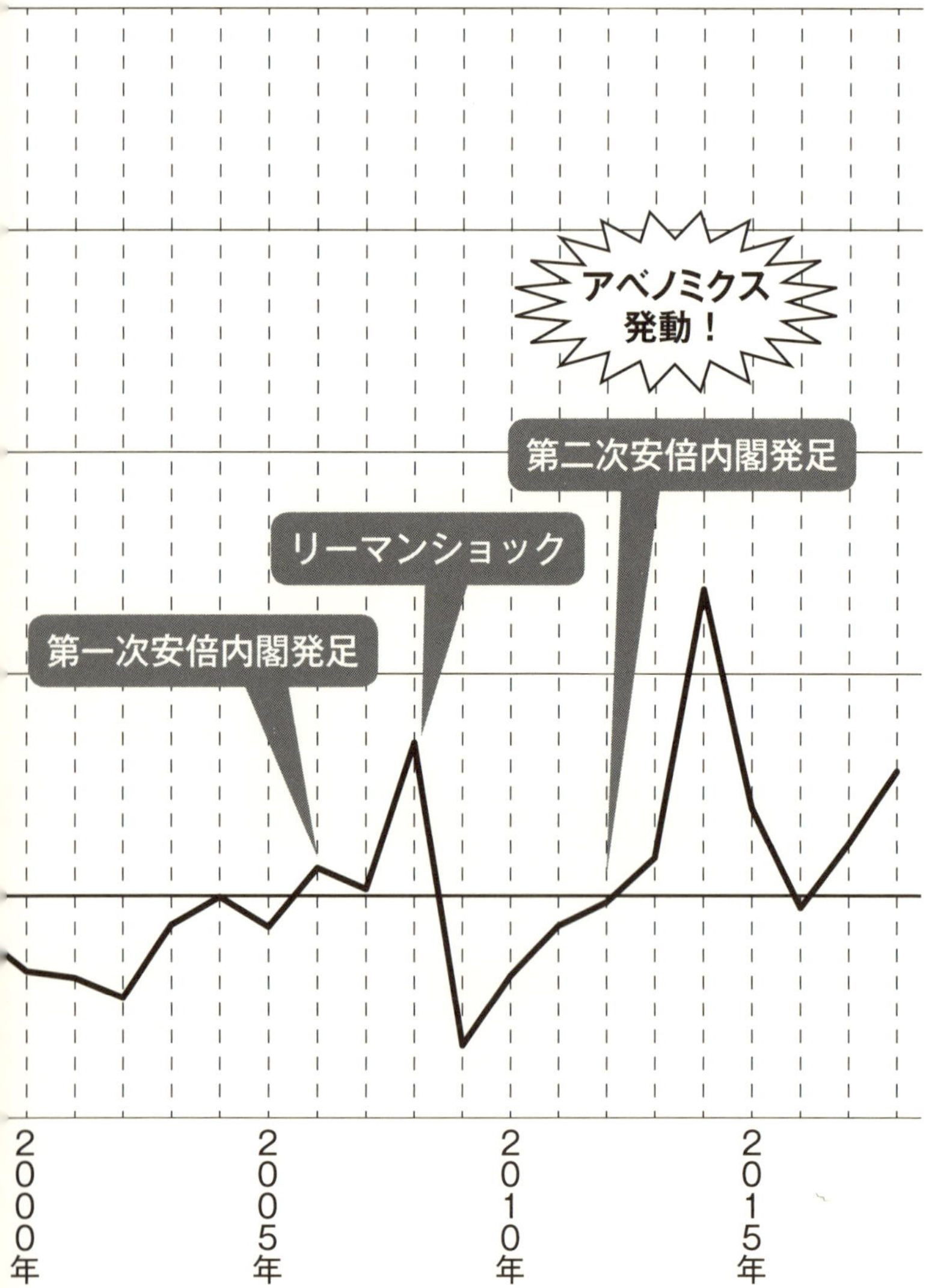

図㉔ 日本のインフレ率の推移

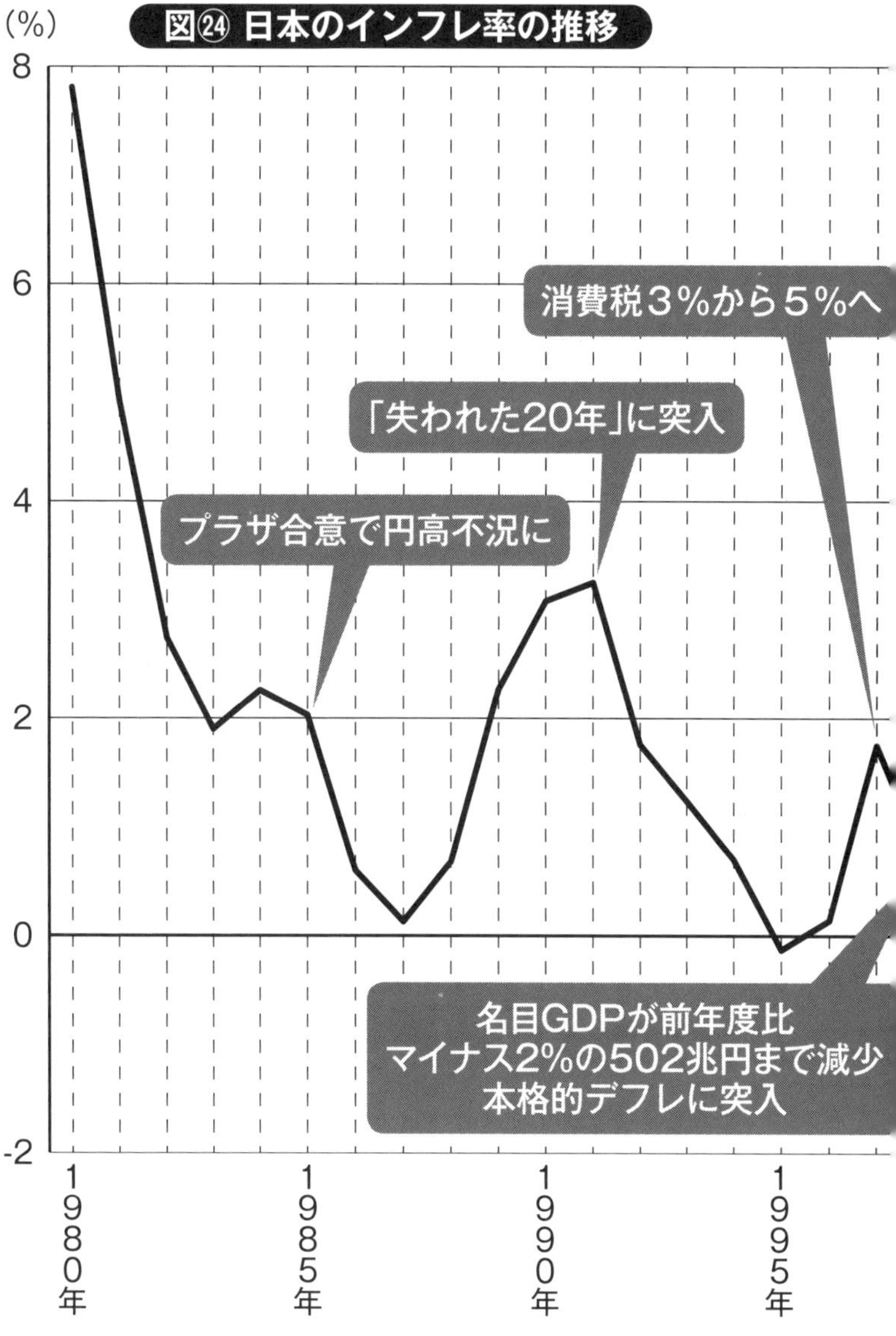

潜在ＧＤＰとは、国の経済全体の供給力を表す推計値のことで、現存の経済構造のもとで資本や労働などの生産要素が最大限に投入された場合、または過去の平均的な水準まで投入された場合に実現可能な総産出量のことだ。

一方、ＧＤＰギャップは潜在的な生産能力と現実の生産額との差のことで、それが大きいと遊休設備や失業者が多いことを示し、不景気の指標となるとされる。

ちなみに、ＧＤＰギャップ率は、【（現実のGDP－潜在GDP）÷潜在GDP×100】という計算式ではじき出されるが、内閣府は四半期ごとに公表している（図㉖）。

このＧＤＰギャップと前述のインフレ率の関係は、ＧＤＰギャップがプラス方向に大きくなるとインフレ率が上昇するという正の相関関係にある（具体的には、ＧＤＰギャップがプラス

図㉕ マクロ政策・フィリップス曲線

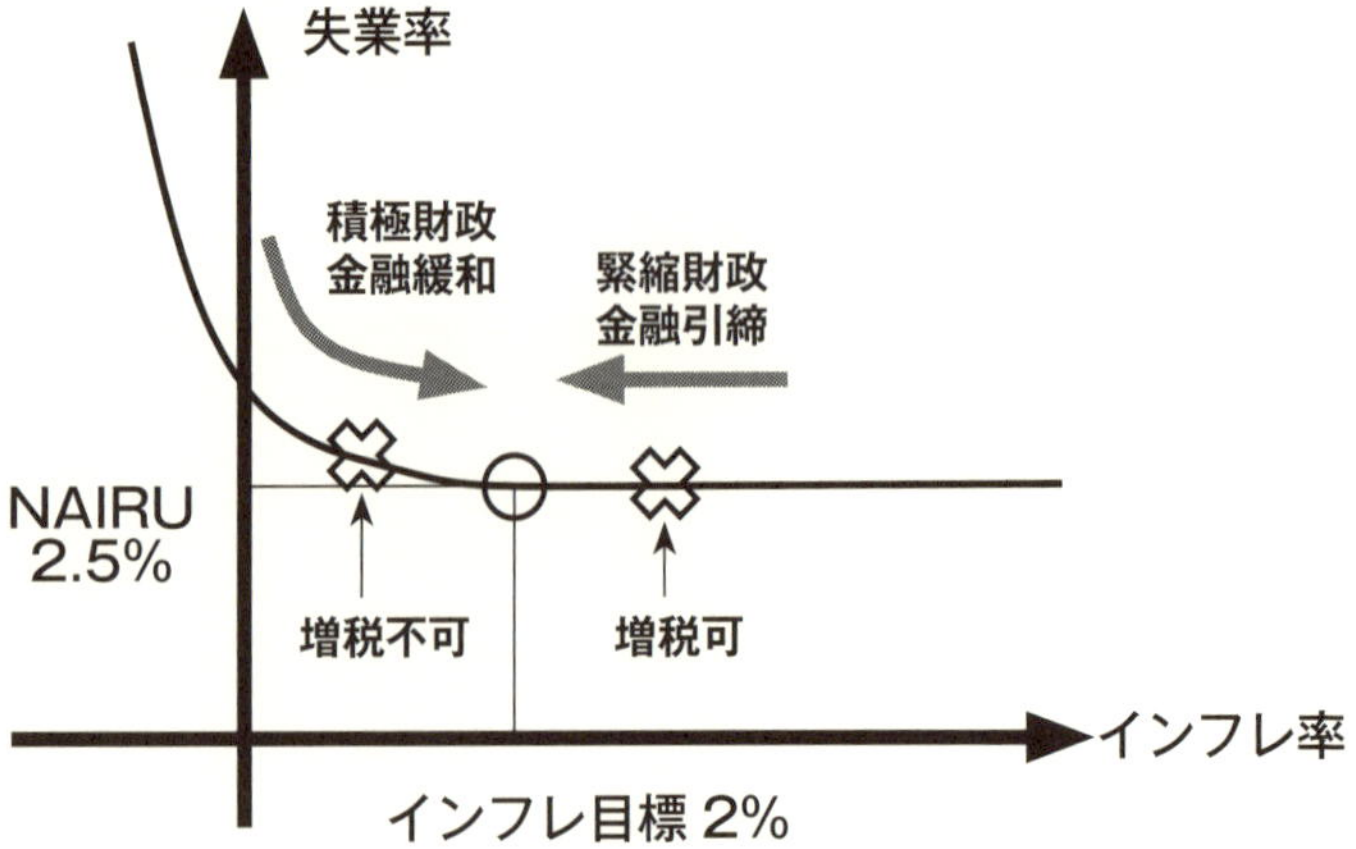

図㉖ GDPギャップの推移

出典:内閣府　月例経済報告

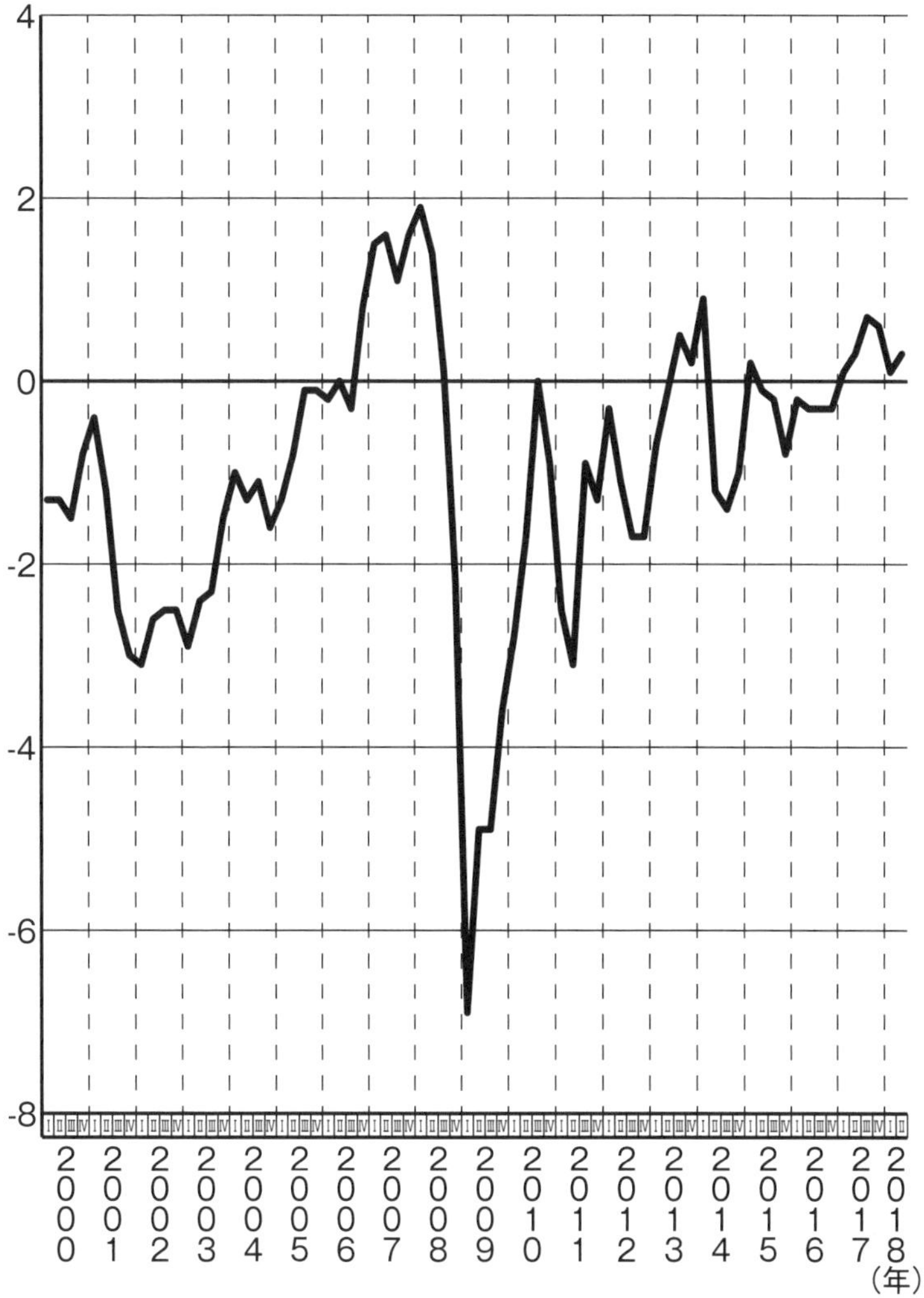

2％程度になると、インフレ率が2％程度になる）。

逆に、GDPギャップと失業率は負の相関関係にある。GDPギャップがプラス方向に大きくなると失業率は低下する（具体的には、GDPギャップがプラス2％程度になると、失業率は2・5％程度になる）。つまり、失業率2・5％に対応するのはインフレ率2％程度であり、これがアベノミクスのインフレ目標になっているわけだ。

ちなみに、この考え方は世界の先進国でも共通しており、アメリカ、イギリスではインフレ目標2％、NAIRU4％程度とされている。

日本の場合も、失業率が2％半ばから下がらなくなったら（つまり、NAIRUが達成されたら）、人手不足が顕在化して、賃金上昇が始まる。それとともに物価も上がり出し、インフレ率はいずれ2％を超え始める。

出口戦略を考えるのはそれからで十分だ。

少々理屈っぽくなるがもう少し説明しよう。

名目賃金の上昇率は、実はインフレ率プラス生産性向上率でだいたい決まるものである。今、日本が目指している生産性向上率はどのくらいかというと、だいたい1％とか2％の間だ（図㉗）。一方、目指しているインフレ率は2％ぐらいである。

そこまで行けば、最終的な名目賃金は3％から5％に上がることになる。そして、それといっしょに実質賃金も上がっていって、最終的には実質賃金は生産性向上と同レベルの1％から

図㉗ 名目賃金上昇率の推移

出典:厚生労働省　毎月勤労統計調査

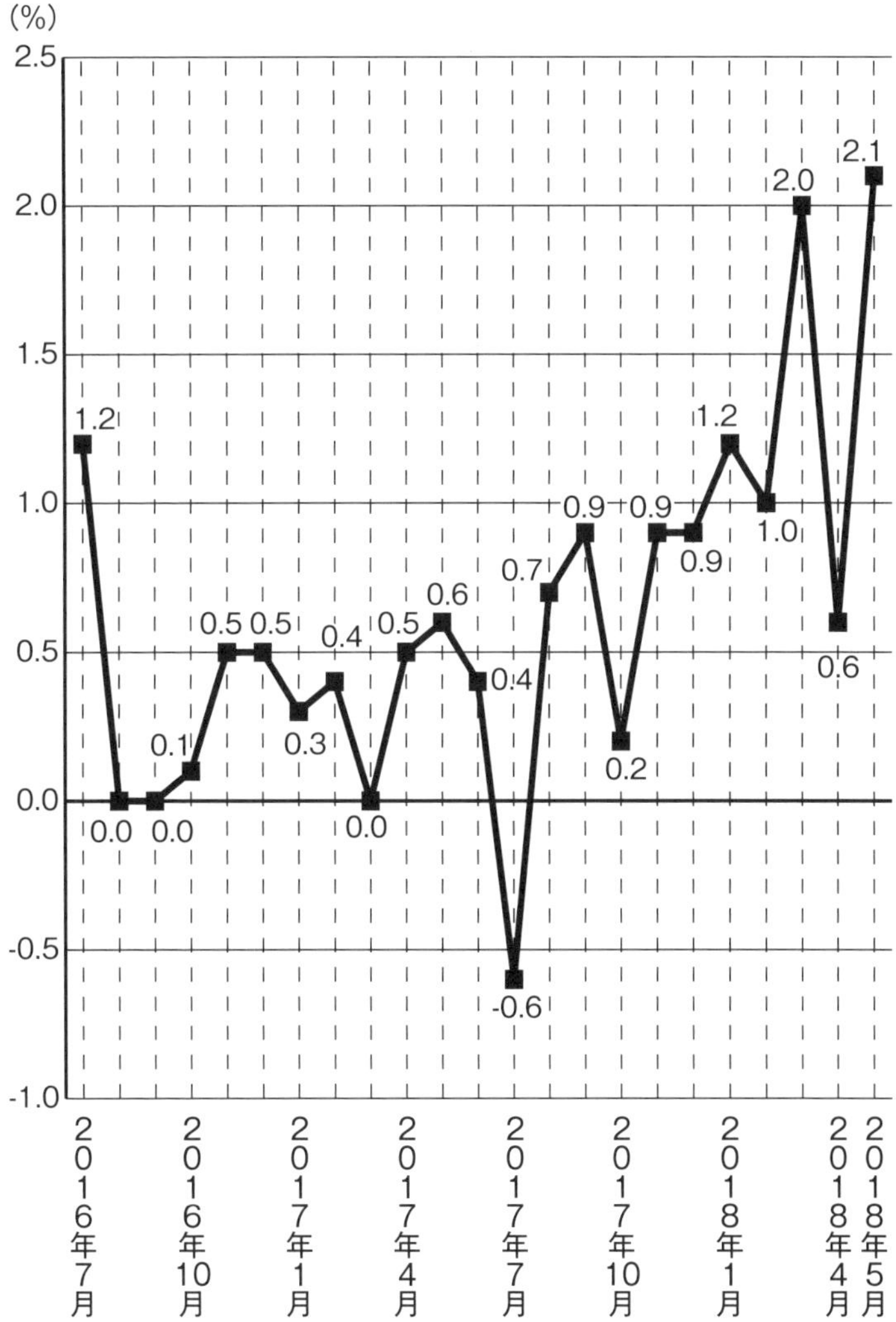

2%の間くらいに落ち着いていく。アベノミクスが目指している最終形態はそこだ。

さて、名目賃金は失業率が下がるときに一時的に下がる。それは、今まで失業していた人間が安い給料でも働くようになるからだ。しかし、それは長くは続かない。すぐに底を打って上がり出し、3%から4%ぐらいになる。企業が高い賃金を出してでも人を雇おうとするからだ。そしてその間のインフレ率は1%から2%の上昇となる。

それが今、日本が迎えている状況だ。そしてそうなれば当然、企業の業績も上がり始めるから、より賃金が出せるようになる。

だから、基本的には、名目賃金の上昇率が4%ぐらいまで上がり、インフレ率が2%ぐらいまで行けば、後はそれを持続していけばいい。その段階で筆者は前述したように、日本人の働き方が少しずつ変わると見ている。

名目賃金の上昇率が4%になるのはまだ少し先かもしれないが、確実にそこに近づいている。厚生労働省が発表した2018年5月の名目賃金（現金給与総額）は前年同月比2・1%増だった。これは、2003年6月以来14年9か月ぶりの高水準だった（図㉗）。

ここまで来れば、2019年は3%からもう少し上の水準になるだろう。

私が、前著で予測した実質賃金の上昇が始まっているが、2019年以降はそれがより堅実になるはずだ。

第七章

意味なき「出口論議」

金融機関が財政危機を煽る理由

日本のマスコミが罪深いのは、前章で述べたようなマクロを知らない連中（あるいは知っていてもあえて知らないふりをしている連中）が、目先のことばかり取り上げて国民の危機感を煽《あお》っている点にある。

彼らは、「インフレ率２％を達成できていないアベノミクスは失敗だ」とか「アベノミクスの目論見《もくろみ》通りにデフレから脱却できたとして、景気が回復して物価に合わせて金利が上昇する過程において、膨らんだ中央銀行のバランスシートの帳尻を合わせることは困難だ」などと主張する。特に声高《こわだか》に叫んでいるのは、金融業界に食べさせてもらっている金融ジャーナリストやエコノミストを自称する連中だ。

金融機関にとって金利が上がらない現状は決して望ましいものではない。アベノミクスの異次元金融緩和によって低金利状態、さらにはマイナス金利状態が続き、預金の運用が大変になった。また、アベノミクスで買いオペ（国債の買いオペレーション）が実施されて、玉不足になり、トレーディングがやりにくくなっている。だから、早くアベノミクスをやめてもらいたい。

しかしそれは金融機関の都合にすぎないことは言うまでもないだろう。

マクロで見れば、金融緩和を推し進めて失業率を下げることは、国民経済にとって明らかにプラスである。今は金融機関の利害と国民経済の利害がまったく相反するものとなっているのだ。しかし正直に言えないものだから、子飼いの金融ジャーナリストやエコノミストを使って「安倍政権は未だにインフレ目標を達成していないじゃないか」とけなさせているにすぎない。

いずれにせよ、ダメな金融機関ほど、アベノミクスを終わらせたくて「出口、出口」と騒いでいる。それを聞いた御用聞きの金融ジャーナリストやエコノミストたちが「アベノミクスは失敗だ」と煽っている。

もちろん、失業率が下限になってからも何の手も打たずに金融緩和を永遠に漫然と続けていたら、ハイパーインフレになる危険性がないわけではない。

しかしそれは、あくまで何の手も打たずに放置した場合の話である。

確かに失業率が下限になったとき、財政出動すると、インフレ率だけを高くすることになりかねない。だから、それに合わせた政策をとる必要が出てくるのは当然のことだ。

しかし、今、それをことさら言い募ることには何の意味もない。

今後は消費税増税も予定されている。消費税が8％から10％になったときには、景気は確実に下向きになることが予想される。

そういう意味では、多少インフレ傾向が強まっていたとしても、消費税増税で冷やされることを見越して多少過熱気味にしておいたほうがいいのだ。インフレ率が2％を超える局面があっても構わない。それがベストなシナリオだ。

今は、失業率の動きを見て、それが下限になっているか否かを判断すればいいだけだし、財政政策にしても金融政策にしても、インフレ率を注意深く見ながら舵《かじ》を取っていけばいいだけの話だ。簡単に言ってしまえば、インフレ率が2％より上がらないようにしておき、失業率は下限にし続けるというのが、今の日本にとってベストな財政政策なのである。

日本銀行の今のメンバーは、それをよくわかっているから、マスコミの出口論など無視して、金融政策を推し進めている。

もう一度、図㉕（P160）を見てもらえばわかるが、縦軸の失業率は今、2・3％から2・5％。一方、横軸のインフレ目標は2％だから、もう少し積極財政（金融緩和）を進めて、NAIRU2・5％を目指せばいいだけなのである。

だいたいインフレ目標なんて、ぴったり当たることなどまずない。それより失業率のほうを先に見るべきだ。その失業率は以前5％くらいだったのが、今や2％台とほとんど満点の状態だ。

そんなことは少し勉強すればわかることなのだが、悲しいことに学者の中にもまっとうなことを言う者があまりにも少ない。全銀協（全国銀行協会）は大学に金を出していろいろな講座をつくっているから、多くの学者が首根っこを摑《つか》まれていて、アベノミクスを認めるような発言ができないのだ。情けないことだ。

それはさておき、今はまだ、もう少し金融緩和を続けていくべき時期である。どういうことかを説明しよう。

思い出すべき2006年の失敗

金融緩和の効果を上げるには、短期間に大胆にやるか、小出しに長くやるかのどちらかだ。今の状況を考えると、これ以上買いオペ額を増やすと、金融機関の反発を招くから、そこは手を出さないだろう。しかし、安倍政権に、「近々インフレ率2％を達成しそうだからといって、今すぐに金融緩和政策をやめる」という選択肢はない。

そんなことをしたら、2014年4月に消費税が8％に引き上げられたときのように、すぐにまた景気が冷え込んでしまうからだ。そんなバカなことをするべきではない。具体的には、インフレ率2・0％プラスマイナス0・5％というレベルが半年ぐらい続くようになるまでは金融緩和を続けるべきだということだ。

その理由は、2006年に何が起きたかを思い出してほしい。

当時、日銀は金利の引き下げではなく市中銀行が保有する中央銀行の当座預金残高量を拡大させることによって金融緩和を行うという「量的緩和政策」をとっていた。

そもそも日銀が、この量的緩和政策を始めたのは2001年3月からのことだった。日銀が公開市場操作によって銀行などの金融機関から国債や手形を買うことで資金を供給し、市中に出回る資金量を増やす。それによって金利を下げ、金融緩和となるという理屈だった。確かに効果はあった。デフレ脱却の兆しも表れてきた。さらに量的緩和を続けていたら状況はさらに好転し、日本はいち早く賃金上昇時代を迎えていただろう。

ところが2006年3月、量的緩和政策がまだ十分な効果を上げる前に、当時、日銀総裁だった福井俊彦氏は量的緩和政策を解除してしまった。

物価がマイナス圏からプラスに浮上し、株価も上昇したことを受けてのことだったが、言ってみれば、「量的緩和には効果がない」「副作用が強すぎてハイパーインフレになる」などと言う〝学者先生たち〟の批判的な意見に負けたのだ。

結果は最悪だった。景気は回復するどころか、ますますデフレが進み、この件は日銀の失敗史の1つに数えられることとなった。

2001年に量的緩和に踏み切った当時、筆者は小泉純一郎政権で竹中平蔵経済財政政策担当大臣の補佐官をしており、政権内で量的緩和の有効性を説き、弊害がないことを指摘していたが、量的緩和そのものに反対している学者やマスコミは実に多かった。

2006年3月の量的緩和解除に対して、筆者は、「量の面でまだまだ不十分だ」と批判し、デフレ脱却が遠のくことを予測したが、残念ながら筆者の予測は的中してしまったのである。

筆者が「量の面でまだまだ不十分だ」とした理由は単純だった。

形式的なインフレ率は0・5％だったが、物価指数の上方バイアスを考えると実質的にはマイナス0・1％というデフレ状態だったからだ。それなのに、量的緩和を解除して金融引き締めをしてしまったのが大きな過ちだったのだ。

あのとき筆者は、「もうちょっと様子を見たほうがいい」「インフレ率がプラスになったといっても、統計上の情報バイアスがかかっていてほんとうの数値より高めに出る。それも合わせれば、まだマイナスだから、量的緩和は続けるべきだ」と日銀とさんざんやり合った。また、小泉総理にも量的緩和継続を進言しようと思ったのだが、小泉総理は、郵政民営化関連6法案の参議院での否決に伴う衆議院解散（いわゆる郵政解散）を受けての第44回衆議院議員総選挙（2005年9月11日）の後でもうヘトヘトになっていて、結局、日銀に押し切られて量的緩和は解除されることになってしまった。

ちなみに、筆者は2003年の段階で、岩田規久男氏（当時、学習院大学経済学部教授）とともにデフレ脱却のために『まずデフレをとめよ』（岩田規久男編、日本経済新聞社刊）を書いていた。

その本の中で筆者が書いたことは、図㉘のように、日銀がマネタリーベースを増やすことで予測インフレ率を高めるという内容だった。

これは、「量的緩和を行えば予測インフレ率が高くなる。しかし、日本では半年程度のラグがあった後に予測インフレ率が高くなった」という事実をもとにしている。つまり、日銀の量的緩和解除は時期尚早だったのだ。

　いずれにせよ、日本の量的緩和は不徹底に終わり、デフレから脱却ができなかった。それに対し、日本の例をよく研究していたのが、アメリカとイギリスである。

　両国は2008年9月のリーマンショック直後に量的緩和に踏み切った。日本が遅すぎて小さすぎたのを教訓として、即時に大量に行った。

　日本でも安倍政権になって、2013年3月から、理論的支柱者の岩田規久男氏を日銀副総裁にして、やっと本格的な量的緩和になった。日本は先駆者なのに周回遅れになったものの、これ以降は着実にその効果を発揮していった。

　2006年の失敗をよく覚えていたのが、当時、官房長官だった安倍総理だ。安倍総理は、2012年12月に第二次安倍政権を発足させたときも、「当時の量的緩和の解除は時期尚早で失

図㉘ 金融政策の波及効果

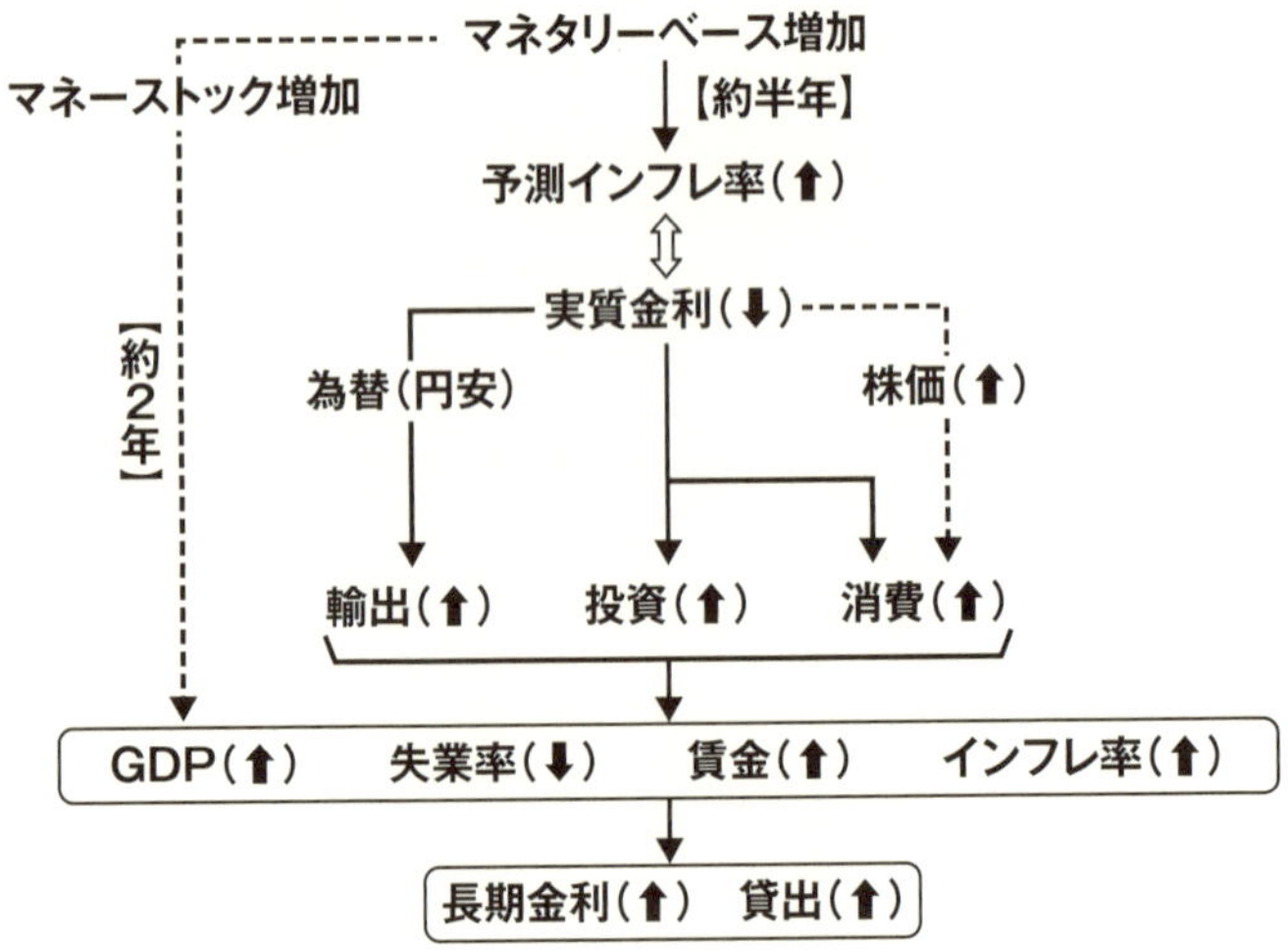

敗であった」と言っていた。

そして、2013年4月に「量的・質的金融緩和」(異次元緩和)の導入を決定し、量的緩和は2%の物価安定目標を達成するまで継続するとしたのである。

金融政策を論ずる上で大切なのは、いかにタイムラグを読むかということである。そもそも金融政策は、大型船の操船と似ているところがあって、舵を切ってもすぐに効果は出ない。しばらくまっすぐ進んだ後にグイッと針路が変わる。そういうタイムラグがあることを認識していないと失敗する
2006年の日銀の失敗はその典型だったわけだが、たとえば今のアベノミクスにしても、インフレ率が2%になったら、もういいだろうというのは拙速だ。

おそらく、インフレ率2%が達成したとたんに、マスコミは「もう金融緩和はいいだろう。それより出口をどうするかだ」と報じ出すだろうが、それは金融機関の御用聞きエコノミストたちが騒いでいるだけのことだ。

ほんとうは、インフレ率が2%に達した段階で、その状況をしっかり見る、つまり半年後はどうなるのかということを見極めることが必要なのだ。

多くのマスコミは金融機関をスポンサーとしている。その影響は大きいし、金融機関サイドに立った記事に騙《だま》される政治家も少なくない。

特に、財務省系と日銀系の政治家はもともと金融機関寄りだし、そうした誤った報道に引き

ずられて勘違いしがちだ。

しかし、安倍総理は決して揺るがないだろう。なぜならマクロ経済を理解しているからだ。筆者が安倍総理を高く評価する理由はそこにある。

心配する必要はない「財政破綻」

マスコミが事あるごとに取り上げる「財政破綻」の問題だが、よく言われるのが、「日本政府の財政赤字は巨額で、借金も巨額だ。しかも、今後は少子高齢化で財政収支は悪化していくから、日本はいつか破産してしまう」という話だ。

その際、よく使われるのが、政府総債務残高の対GDP比の数字である。日本の政府総債務残高の対GDP比は236・39％（2017年度）となっており、これはギリシャの181・91％よりも高い数字で大変だ、と言うのだ。

しかし「じゃあ、財政破綻って何なんだ」と聞いても、きちんと定義されることはない。典型的な答えは次のようなものだろう。

「財政危機とは、文字通り財政が危機的な状況に陥ることだ。たとえば日本の財政状況が悪化して国の信用が下がれば、日本が発行する国債の価格が暴落して金利が上昇する。そうなると政府の資金繰りが難しくなって、海外への資金流出が進み、日本円が暴落して対外債務の支払いができなくなる。そして日本経済は大混乱に陥り、ギリシャのようになってしまう」

しかし、それでは、財政破綻を定義したことにはならないだろう。そして次には、「なんといっても、政府の借金は1000兆円以上に膨れ上がっている。これはたいへんな事態だ」と続くが、それはあくまでも〝雰囲気〟を語っているにすぎない。

こうした財政破綻論は十年一日のごとく語られてきたが、そもそもバランスシートで日本の財政事情を正しく理解していれば、そうした財政破綻論が荒唐無稽であることがわかるはずだ。

一般企業の経営においてもバランスシートが重要だとされる。たとえば「わが社には1億円の現金がある」と豪語しても、その会社が10億円の借金を抱えていれば、いつ倒産しても不思議ではない。しかし逆に、10億円の借金がある会社でも、現金や株、土地などの資産を100億円以上持っていればなんの問題もない。「資産」と「負債」の両方を見なければ借金が多いか少ないのか判断はできないということだ。

それは国家財政も同じである。借金の総額だけを見ても国の財政の健全度はわからない。借金の金額が大きく見えても、それに見合う資産があり、十分な収入があれば破綻の心配はない。

2017年度末の国のバランスシート（図㉙）の〈資産の部〉を見てみると、資産合計額は672兆7419億円（末尾四捨五入、以下同）だ。

そのうち現金・預金は55兆2397億円、有価証券は119兆8689億円、貸付金115兆5502億円、出資金72兆4525億円と、比較的換金可能な金融資産が363兆1113

億円である。その他、有形固定資産181兆5603億円、運用寄託金109兆1119億円、その他の債権等3兆2219億円などとなっている。

一方、〈負債の部〉の合計額は1221兆6234億円。そのうち、公債が943兆2790億円、政府短期証券が84兆6605億円、借入金30兆7645億円となっているが、その合計である1058兆7040億円がいわゆる〝国の借金〟である。

ちなみに、運用寄託金の見合い負債である公的年金預り金は118兆7768億円だ。

このバランスシートを見てもわかるが、先進国と比較して、日本政府のバランスシートの特徴は政府資産が約673億円と巨額なことである。

政府資産額としては世界トップクラスであり、特に比較的換金可能な金融資産の割合がきわめて大きいのが特徴的だ。

そして、資産・負債の差額を見るとマイナス548兆8115億円——つまり、アバウトに言えば、しばしば政府の借金1000兆円超と言われるが、これはグロスの数字であり、ネットの純債務は500兆円規模に止まっている。

ここまでわかると、政府の財政状況は、あまり心配するようなものでないことが理解できるだろう。

実は、20年以上前に、このバランスシートをつくったのは筆者だった。一応、公認会計士にもチェックを入れてもらった。

図㉙ 2017年度 日本のバランスシート

（出展:財務省ホームページ　平成28年度　国の財務書類）　単位:100万円

〈資産の部〉		〈負債の部〉	
現金・預金	55,239,666	未払金	10,343,737
有価証券	119,868,932	支払備金	289,069
たな卸資産	4,285,405	未払費用	1,250,770
未収金	5,611,738	保管金等	906,814
未収収益	687,191	前受金	53,264
未収(再) 保険料	4,736,879	前受収益	4,062
前払費用	1,914,748	未経過（再）保険料	130,116
貸付金	115,550,240	賞与引当金	316,794
運用寄託金	109,111,900	政府短期証券	84,660,527
その他の債権等	3,221,957	公債	943,279,091
貸倒引当金	△ 1,764,461	借入金	30,764,461
有形固定資産	181,560,281	預託金	6,546,038
国有財産(公共用財産を除く)	29,855,770	責任準備金	9,698,894
土地	17,430,133	公的年金預り金	118,776,820
立木竹	2,943,594	退職給付引当金	7,215,820
建物	3,383,429	その他の債務等	7,387,103
工作物	2,733,065		
機械器具	0		
船舶	1,431,465		
航空機	715,630		
建設仮勘定	1,218,452		
公共用財産	149,714,932		
公共用財産用地	39,658,807		
公共用財産施設	109,624,055	負債合計	1,221,623,389
建設仮勘定	432,070		
物品	1,963,522	〈資産・負債差額の部〉	
その他の固定資産	26,055	資産・負債差額	△ 548,881,473
無形固定資産	264,985		
出資金	72,452,450		
資産合計	672,741,915	負債及び資産・負債差額合計	672,741,915

出展：財務省ホームページ

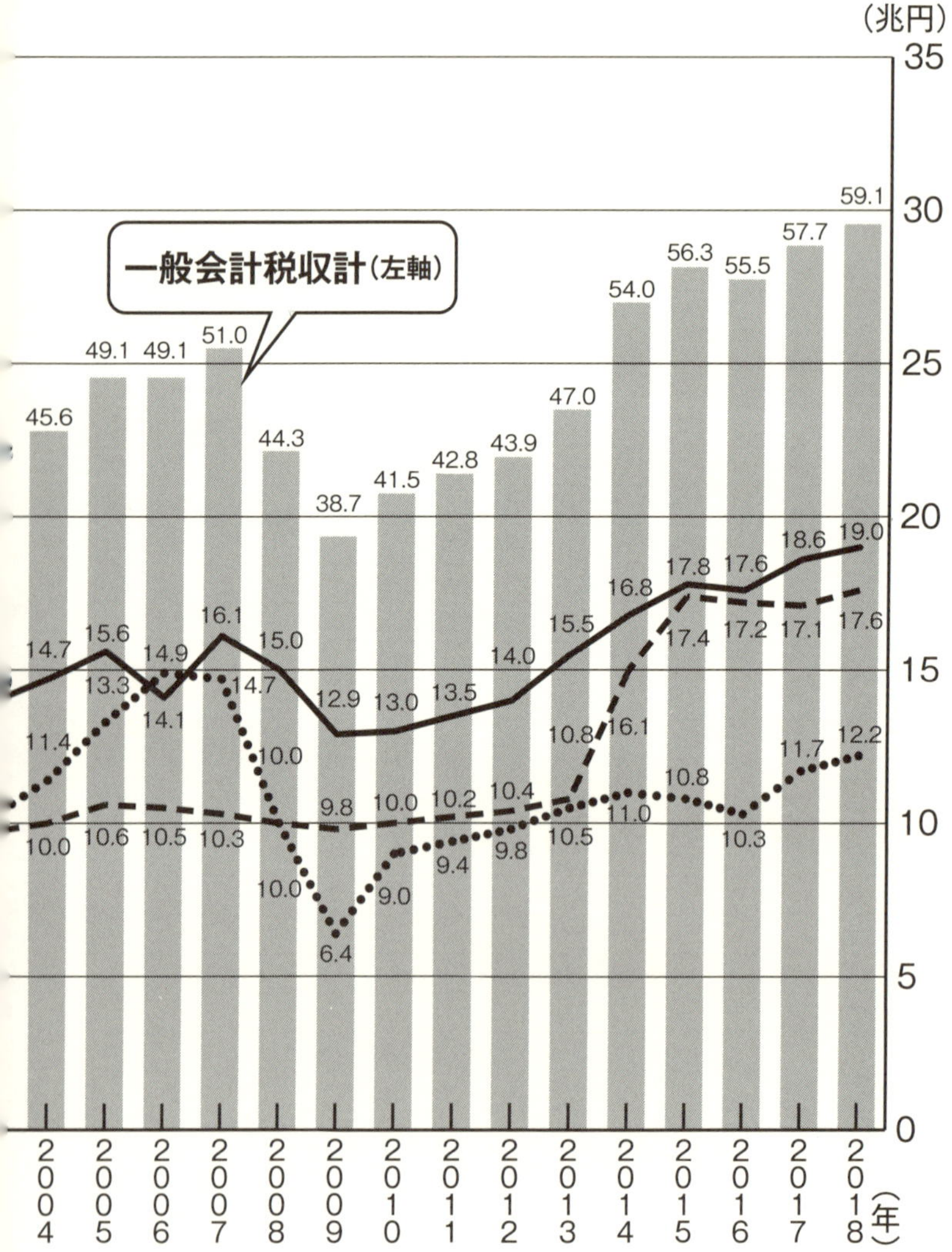

図㉚ 日本の税収の推移

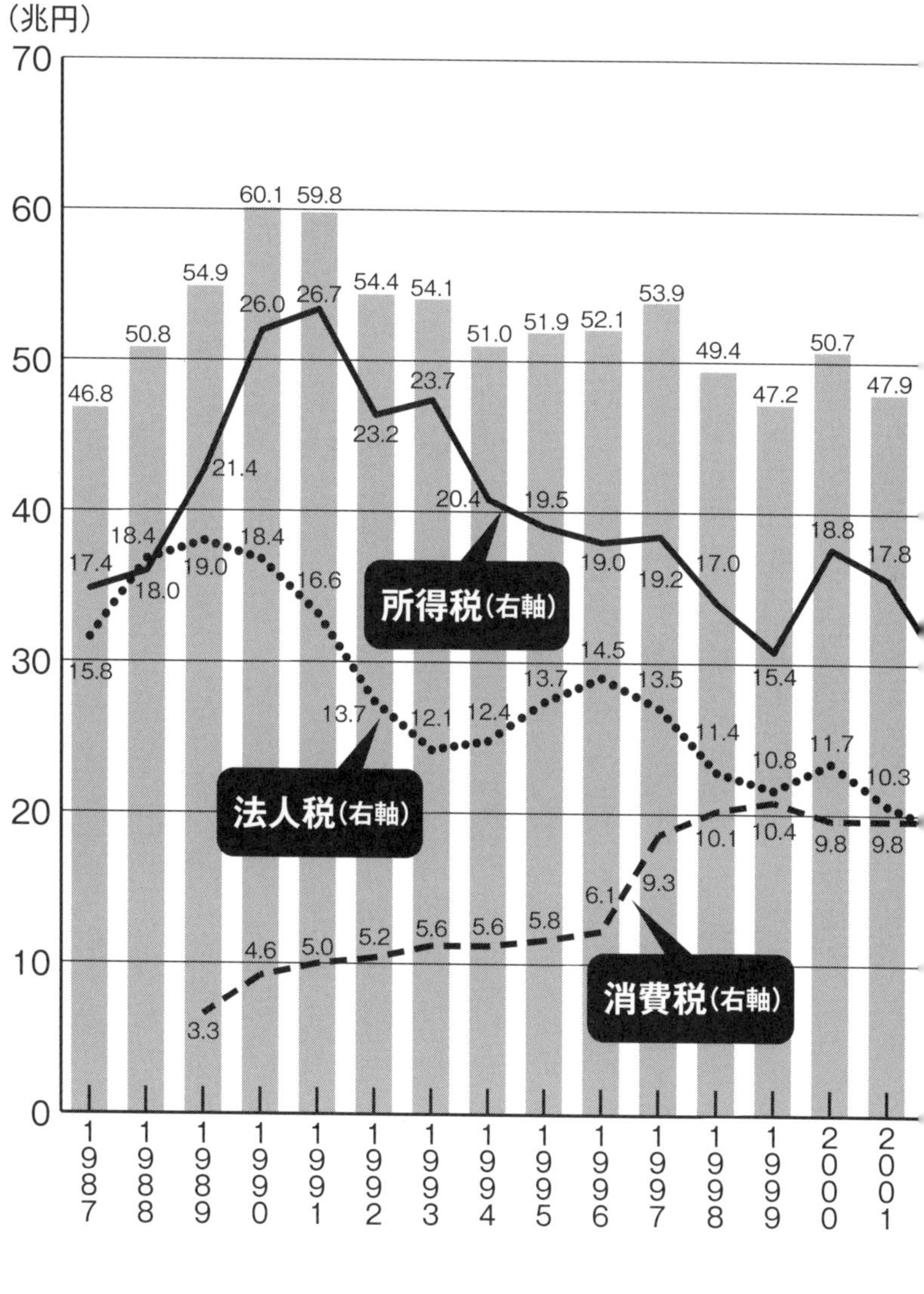
(兆円)
70
60
50
40
30
20
10
0
46.8
50.8
54.9
60.1
59.8
54.4
54.1
51.0
51.9
52.1
53.9
49.4
47.2
50.7
47.9
17.4
18.0
21.4
26.0
26.7
23.2
23.7
20.4
19.5
19.0
19.2
17.0
15.4
18.8
17.8
15.8
18.4
19.0
18.4
16.6
13.7
12.1
12.4
13.7
14.5
13.5
11.4
10.8
11.7
10.3
3.3
4.6
5.0
5.2
5.6
5.6
5.8
6.1
9.3
10.1
10.4
9.8
9.8
所得税(右軸)
法人税(右軸)
消費税(右軸)
1987
1988
1989
1990
1991
1992
1993
1994
1995
1996
1997
1998
1999
2000
2001

その後、小泉政権のときに小泉総理に「こんなバランスシートがあるんですよ」と言ったら、小泉元総理は「え、こんないいのがあるの」ということになって、それ以来、10年以上ずっと政府のホームページで公表している。それにもかかわらずマスコミはなかなか報道しない。なぜか——それは、財務省が記者たちにレクチャーしないからだ。

そもそも財務省は、財政危機を煽って増税したい一心だ。だから、実は日本の純債務は500兆円規模にすぎないことなどレクチャーするわけもない。

筆者は知り合いの記者に、ふざけて、「財務省にちゃんとレクを求めて記事を書けよ」と言ったことがあるが、いまだに自ら財務省のレクチャーを受けて記事にした人はいない。そんなことをしたら財務省に出入りできなくなると思っているのだ。

日本財政が破綻しないワケ

前述したように、確かに今は資産合計額672兆7419億円に対して、いわゆる〝国の借金〟が1058兆7040億円と、少々債務超過状態にあり、民間基準でいくと〝破綻〟とも言えるかもしれないが、実は政府には民間にない権能が2つある。

1つは徴税権だ。日本の税収は、図㉚のように推移しているが、ザックリ毎年50兆円ぐらいは入ってくる。

この資産価値が将来的に高くなることを考えると、割り引いて考えても、まあだいたい20倍ぐらいにはなる。だから50兆円×20＝1000兆円だ。あるいは、税収を少なく見積もったとしても30兆円×20＝600兆円だ。その資産価値を合わせれば、資産合計額は1000兆円超規模となり、今の日本の財政になんら大きな問題はないことになる。50兆円でなく30兆円でも徴税権の資産価値は600兆円である。

あともう1つは、日本政府は日銀という連結子会社を持っており、そこにも大きな資産が眠っているということだ。

直近（2018年3月31日現在）の日銀のバランスシート（図㉛）を見ると、〈資産の部〉の合計が528兆2857億円、〈負債の部〉の合計は524兆3363億円となっている。

そのうち〈資産の部〉には国債448兆3261億円が計上され、〈負債の部〉には発行銀行券（日銀券）104兆5億円、当座預金378兆2379億円とある。しかし、発行銀行券も当座預金も国債に比べればほぼ無利子だし、償還期間もない。

つまり、発行銀行券（日銀券）の104兆5億円と当座預金378兆2379億円の合計482兆2384億円は無視してもいい数字となり、政府と日銀のバランスシートを連結させると、それだけ政府のバランスシートの〈負債の部〉の数字は圧縮され、さらによくなることになる。そんな状況で、財政が破綻するわけがないのだ。

図㉛ 日銀のバランスシート

（出典：日本銀行ホームページ　第133回事業年度下半期損益計算書等）　単位:100万円

〈資産の部〉		〈負債の部〉	
金地金	441.253	発行銀行券	104,000,475
現金	274,310	預金	399,638,338
国債	448,326,107	当座預金	378,237,941
コマーシャルペーパー等	2,057,433	その他預金	21,400,398
社債	3,192,118	政府預金	15,124,804
金銭の信託（信託財産株式）	1,048,896	当座預金	150,000
金銭の信託（信託財産指数連	1,893,485	国内指定預金	14,657,401
金銭の信託（信託財産不動産	476,123	その他政府預金	317,404
貸し出し金	46,411,919	売現先勘定	311,295
電子貸付	46,411,919	その他負債	59,637
外国為替	6,369,516	未払送金為替	12,700
外貨預け金	1,128,294	未払法人税等	7,584
外貨債券	2,716,238	リース債権	8,558
外貨投資信託	58,235	その他負債	30,794
外貨貸付金	2,466,749	退職給付引当金	199,758
代理店勘定	24,045	債権取引損失引当金	3,600,128
その他資産	521,137	外国為替等取引損失引当金	1,401,912
取立未済切手手形	57	負債の部合計	524,336,347
預貯金保険機構出資金	225	〈純資産の部〉	
国際金融機関出資	15,278	資本金	100
政府勘定保管金	42,819	法定準備金	3,184,420
未収法人税等還付金	4,303	特別準備金	13
未収利息	444,218	当期剰余金	764,800
その他の資産	14,237	純資産の部合計	3,949,333
有形固定資産	207,853		
建物	97,530		
土地	82,743		
リース資産	8,210		
建設仮勘定	6,605		
その他の資産有形固定資産	12,765		
無形固定資産	122		
権利金	122		
資産の部合計	528,285,680	負債および純資産の部合計	528,285,680

バランスシートから読み解くアベノミクス効果

このようにバランスシートで見ると、アベノミクスによる効果がはっきりと見えてくる。政府と日銀のバランスシートを連結して見ると、「〈資産の部〉は変化なし、〈負債の部〉は国債減、日銀券（当座預金を含む）増」となっているのだ。

つまり、アベノミクスによって、有利子の国債から無利子の日銀券への転換という負債構成の変化が進んでいるということだ。

その結果、毎年転換分の利子相当の差益が発生する。これをシニョレッジ（通貨発行益）という。そもそも、シニョレッジとは政府・中央銀行が発行する通貨・紙幣から、その製造コストを控除した分の発行利益のことだが、ここでもう少し説明しておこう。

通貨法第四条では「貨幣の製造及び発行の権能は、政府に属する」とされ、政府に発行権限があることが明らかにされている。

また、同法第五条第一項は「貨幣の種類は、五百円、百円、五十円、十円、五円及び一円の六種類とする」とし、同条第二項で「国家的な記念事業として閣議の決定を経て発行する貨幣の種類は、前項に規定する貨幣の種類のほか、一万円、五千円及び千円の三種類とする」、同条第三項で「前項に規定する国家的な記念事業として発行する貨幣の発行枚数は、記念貨幣ごとに政令で定める」とされている。

そこでたとえば、元号が変わる記念として、1万円の記念通貨を10億枚発行したとしよう。この場合、政府収入は10兆円となるが、バランスシート上では、資産側で現預金10兆円増、負債側で製造コストはその他債務に計上される。この政府収入10兆円をどう使うかは政府次第である。

国債償還に使ってもいい。すると、バランスシートの資産の現預金が減少し、それと同額の負債の国債が消える。また、政府収入を国民にばら撒《ま》くことも立派な有効需要創出政策である。実際にばら撒く手間・コストを考えると、すべての人が払う社会保険料を減額することが最も効率的だ。

実はアベノミクスで行われている日銀の量的緩和でも、基本的には政府紙幣発行と同じメカニズムが働くことになる。政府紙幣発行10兆円に対応するのが、日銀による国債買いオペ（量的緩和10兆円）だ。日銀のバランスシートでは、資産側で国債10兆円増、負債側で日銀券（当座預金を含む）10兆円増となる。

それを政府と日銀の連結で見ると、資産側は変化なし、負債側は国債10兆円減、日銀券（政府当座預金を含む）10兆円増となる。

そこで起きるのが、負債構成の変化（有利子の国債から無利子の日銀券への転換）だ。そして毎年、転換分の利子相当の差益が発生する。具体的には、政府からの日銀への利払いはただちに納付金となるので、政府にとって日銀保有分の国債は債務でないのも同然になる。

理解の不十分な人は、量的緩和で日銀は儲《もう》けていないと誤解するが、負債側は無利子、資産側は有利子なので、日銀は10兆円×金利の収入増になる。金利が１％であれば、１０００億円だ。日銀関係者にしてみれば、これがシニョレッジだ。

政府紙幣を発行する場合の10兆円との違いを言えば、１年で全部もらうのが政府紙幣、長年かけて金利相当で細く長くもらうのが量的緩和である。

実は、高校レベルの数学を使えば、毎年金利相当の１０００億円の将来にわたる現在価値の総和は10兆円となる。というわけで、現在価値ベースの総和で見れば、どちらの方法でもシニョレッジは10兆円となる。

毎年シニョレッジをもらうか、１年で全額もらうかの違いはあるものの、政府紙幣と量的緩和は巨額のシニョレッジがあり、それが財政を通じて流れるのだから、いずれ物価が上がるのは当然である。

バーナンキ元ＦＲＢ（米連邦準備制度理事会）議長が、かつて筆者に言ったことがある。

「それで物価が上がらなければ、中央銀行が国債を買い尽くしたときに、財政再建が終わって好都合だ。でも、そんな都合のいい話はたぶんない。だから、いずれ物価が上がるよ」と――。

ただし、シニョレッジを稼げるとしてもデメリットはある。それはシニョレッジを大きくすればするほど、インフレを誘導する可能性があるということだ。

だから、デフレのときにはシニョレッジを増やせるが、インフレのときには限界がある。その限界を決めるのが、ここまで説明してきたインフレ目標である。インフレ目標の範囲内であればデメリットはないが、超えるとデメリットになるのである。つまり、インフレ目標の範囲内におさまるように、お札を刷ってシニョレッジを稼げというわけだ。

ここまで述べてきたように、政府紙幣の発行と日銀の量的緩和は、経済効果という観点から見れば、両者はほぼ同じなのだが、日本の経済学者は、財政学と金融論（金融政策）が縦割りになっており、政府紙幣はそれらの狭間《はざま》に入るのでキワモノ扱いである。このため、日銀の量的緩和でも理解不足の人が多いのは残念である。

また、仮に理解していたとしても、それを口にする人は皆無に等しい。特に財務官僚はそうだ。そんなことをちょっとでも口にしたら、「お前は髙橋の味方か」と言われ、敵視されてしまうだろう。筆者も組織に残っていたら言わないかもしれない。

筆者は、ここ20年間ほど、「日本の財政は問題ない」と主張してきたが、財務省から論破されたことは1回もない。結局、筆者の言うことを認めるか認めないかが、財務省に忠誠を尽くすための踏み絵みたいになっている。

求められるのは〝ダメ押し〟の積極財政政策

結局、今の日本にとってベストな財政政策は、まず経済をよくすることだということに尽きるのだ。財政は経済の一部門だから、財政だけいじって終わりになることなどない。

まず経済をよくする。そうすると失業率が低くなって生産性が上がって、成長率も高くなる。そうすると結果として財政も改善されていく。

つまり今、日本が論じるべきは、財政をどうこうするという議論ではなく、経済を最適化するという話なのだ。経済が最適化されれば、問題は自《おの》ずと解決する。

日本の財政はまだまだストックがあるから大丈夫だ。そして、アベノミクスで賃金上昇時代がまさに始まろうとしている。このまま実質成長率が2％になり、名目成長率が4％になったら、財政はフローを考えても、もはや破綻することなどあり得ない。そのためにも最適点を目指して、積極的な財政政策を打つべき時期なのである。

その財政政策は、減税でもいいし財政出動でもいい。マクロで見るとどちらでも同じで、たいした話ではない。

「減税で行くべきだ」あるいは「財政出動で行くべきだ」などという議論は、「俺のところに流れてこないのはけしからん。俺は待っているんだぞ」というだけの実にミクロな話だ。上から見ていれば、「いつかはあなたのところにも流れていくから待っていなさい」というだけのことなのである。

最悪なのは、財政が悪いと勘違いして緊縮財政に走ることだ。もし、そんなことをしたら、元の木阿弥《もくあみ》で〝失われた20年〟が再現されることになる。

財政再建を声高に叫ぶ輩《やから》に限って、財政の何たるかをわかっていない。学者の中にも「財政破綻＝国債暴落」と言う者が少なくないが、そもそも暴落自体を定義しないでしゃべっている。

いわゆる財政破綻論者の、ある学者と対談したときのことだ。

筆者が「あなたの言う国債暴落とは何ですか」と聞いたら、「国債の価格が下がること」と言うので「じゃあ、具体的に、何か月で何％ぐらい下がったら暴落と言うんですか」と聞くと返事がない。そこで、「じゃあ、国債の暴落はあるんですか」と畳みかけたら、「暴落なき暴落がありますす」という返事が返ってきた。

これではまったく話にならないだろう。結局、財務省の言うことを鵜呑《うの》みにして、雰囲気で語っているだけなのである。

筆者も、政府と日銀の連結ベースで債務超過額がＧＤＰに比べてあまりに大きくなって、破産傾向になったら心配する。だが、ここまで説明してきたように、日本の現状はそれほど大騒ぎするような段階ではない。繰り返すが、まずはインフレ目標を２％プラスマイナス０・５％ぐらいに収めることを目指し、そこからはみ出たときに、どう微調整していくかを考えればよいのである。

企業が進むべき方向性

こうした現状の中、企業はどうあるべきか……。

よく聞かれることだが、「企業のあり方なんて、自分たちで考えなさい。そのために企業の経営者がいるんでしょ」としか言いようがない。

自分の会社が属している業界が成長路線に乗っているかどうかを読むだけだ。

自分の業界において物価が上がり、賃金が上がるとわかったら、雇用の確保を先にせよ、としか言いようがない。

それはもう、企業個々あるいは業界によって違うから、統一的な対処法などあるはずがない。

マクロで考えるなら、失業率を低くしてあげる等の政策をとることが重要だが、その中で個々の企業や業界がどうなるかなんてさっぱりわからないし、わからないから、「そんなの自分で考えなさい」としか言いようがないのだ。

賃上げも、別に言われてやる話ではない。そもそも人手不足感が高くなったら逆に賃上げするしかない。あえて言うなら、自分の会社と世の中の平均賃金の上がり方や物価の上がり方がどのくらい違うかということはわかるから、それでしっかり見ていくしかないだろう。

経営者は、世の中の賃金が上がり、物価も上がっているにもかかわらず、「うちの業界はちょっと遅れている」と感じたら、「もうちょっと我慢しようかな」と思うしかない。あるいはそれまでの仕事をやめて、新しい分野に挑戦するしかない。

一方、従業員は、もう会社を頼りにするのはやめて、会社を飛び出すという選択をしたほうがいいかもしれない。厳しい言い方になるが、いつまでも沈没する船に乗っていてはいけないということである。賃金上昇時代間近とはいえ、そこには光と影があるのは当然だ。

第八章

日本経済の光と影

賃金上昇時代にも光と影がある

どんな時代でもそうだが、誰もが無条件（あるいは平等）に、賃金上昇を享受できるわけではない。実際、早々と賃金が上がって美味《おい》しい思いをしている人もいれば、一向にその恩恵を受けられずにいる人も存在している。

それはそうだ。業績が好調な会社もあれば、なかなか業績が上向かない会社もある。業績が上がれば社員の賃金も上げられるが、業績が上がらないのに賃金を上げる会社などない。早い話、賃金上昇という果実を味わえるか否かは、今、自分たちの会社がどれくらい儲《もう》かっているか、あるいはどれぐらい将来性があるかにかかってくる。

物価の動向を示す指数としてよく知られているのが「消費者物価指数」だ。消費者が購入する生活用品やサービス（585品目）の価格変動を示す指数で、総務省統計局が毎月公表している。要は、世の中にあるいろいろな商品やサービスを平均した指数である。

一方、「個別価格」は文字通り個別の商品の価格である。自分の会社（業界）がどれくらい儲かるかという話で重要になるのは言うまでもなく「個別価格」のほうである。

自分の会社の製品が人気となって、どんどん売れそうだと思えば、経営者は生産量を増やそうとするが、そのためには設備投資をし、人を雇わなければならず、人材を確保するには好条件(高賃金)を示す必要がある。そして、その人件費を出すために商品価格も上がっていく。そうした会社がより増えることで、物価(消費者物価指数)が上がっていく。

つまり、消費者物価指数の上昇よりも、個別価格の上昇のほうが、賃金上昇に結び付きやすいということであり、元気のある会社(業界)の人たちから先に賃金上昇という果実を味わえるということだ。今後、日本が賃金上昇時代に突入するからと言って、誰もが恩恵を受けるわけではない。世の中、光あるところには影もあるのだ。

つまらない「高プロ論議」

今、安倍政権は「働き方改革」を進めている。しかし筆者は、働き方なんて個々人の問題だと考えている。特につまらないのは、「高プロ」(高度プロフェッショナル制度)を巡る論議だ。専門職で年収の高い人を労働時間の規制の対象から外そうという制度で、労働基準法が定めている時間外・休日労働協定の締結や時間外・休日・深夜の割増賃金の支払義務等の規定を適用除外とするものだ。

それに対し、マスコミは特に労働系の学者を使って、「そんなことしたら労働者がたいへんな目に遭う」と言わせている。「働かせる側にとっては都合のいい働かせ方だが、働く側にとっては過重労働・長時間労働に対する歯止めが極めて弱くなる働かせ方だ」というわけだ。

しかし、はっきり言って大半の労働者にとって、この件は関係のない話だ。そもそも高プロの対象となる人は、20人に1人くらいしかいない。

そもそも企業の経営者から見ても、そんな制度を社員全体に広げたいなんて夢にも思っていない。20人くらい社員がいたときに、「向上心があって、自分に味方してくれるのが1人くらいいればいい。そういう人には年俸制で働いてもらうが、その他の社員は関係ないよ」、という話だ。だいたい企業の内部組織のトップから見ると、ほんとうによく働く社員なんて20人に1人か2人であることを実感する。そういう人材だけを年俸制にして、自分たちの手元に引き留めておきたいのだ。

国家公務員で言うとキャリアに相当すると考えればいいだろう。国家公務員のキャリアも20人に1人くらいしかいないのだが、残業も彼らしかしない。残りの19人くらいの公務員は定時に出て定時に帰ってもらってもいい……そんな感じである。

だいたい、高プロの対象となる人は、法律でいろいろ決められていて、たとえば年収は1000万円以上となっている。年収1000万円以上というのは、全労働者の4%程度しかいない。その中でさらに同意した人しか高プロ対象者にはならない。さらに言えば、仮に1回同意しても、それ以降やめたくなったら、いつでも抜け出せることになっている。そんな出入り自由の制度だから、多くの労働者に不利益が生じるはずがないのだ。

企業と交渉できるようなスキルを持っている人にしてみれば、自分が入ってもいいし、入らなくてもいい権利を与えられたようなものである。それを労働者全体の問題にすり替えている議論こそ不毛なものだ。逆に言えば、高プロの人の権利を奪うのかという話だ。

どんな国もそうだが、高いスキルを持っている人の中には、組合に入ってみんなと同じ一律的な労働規制を受けるのはイヤだという人がいる。組合なんか入っていたら自分が不利になってしまうからだ。

高プロにも厳しい目が向けられる

これから先、合理的な考え方ができない人はますます追い詰められていくことになる。特に高プロの条件である1000万円以上の賃金を受けている人たちはそうなのだが、合理的な考え方をするには、自分の価値（バリュー）を知ることが大切だ。

多くの人は、「自分はあと何年働けるだろう」と考え、たとえば今、年収1000万円の人は、「あと4年は働けるから4000万円は稼げる」と算盤《そろばん》を弾くだろう。しかし、それは会社に依存した発想だ。

会社は、その人がいくら会社に持ってくるかを冷徹に見ている。単純に言えば、その人の付加価値によって給料は決まってくる。

ここで言う付加価値とは、売り上げではなく、そこから人件費（その人の賃金）以外の経費を引いた金額だ。ザックリ言えば、だいたい半々だから、たとえば、年収１０００万円の社員は会社に少なくとも２０００万円は持ってこないと、その価値があるとは判断されない。

つまり「あと4年で４０００万円の給料をもらおう」と思うなら、少なくとも倍の８０００万円は稼ぎ出さないとならない計算になる。そんな計算もできずに「いま年収１０００万円もらっているから、これからももらえるだろう」と思っているような社員はいらないよ、ということだ。

もちろん、すべての労働者がそこまで考える必要はない。今いる会社に満足しているなら、今まで通りに働けばいいだろうし、もっと稼ぎたいと考えれば副業、兼業という道もある。

筆者がここで言いたいのは、あくまでも今の会社でトップクラスの賃金をもらいたいと思っている人、あるいはすでにもらっている人の場合だ。今後4年間で会社に1億円以上稼がせる自信があるなら、年収１０００万円と言わず、「もっとくれ」と経営陣と賃金交渉をしてもいいかもしれない。それを呑《の》んでくれるかどうかは、それこそ、その会社の相場と経営陣の考え方1つだ。

自分の価値（バリュー）を知るとは、そういうことだ。それがわからない人は、プロフェッショナルにはなり得ない。歯車として切られるだけだ。

繰り返しになるが、実は、高プロなんて4％しかいない。この4％という数字を偏差値に置き換えると70ぐらいで、クラスで1、2番の成績をおさめているようなものだ。

逆に言うと、偏差値70もない人は、その他大勢だから、会社が貢献度を測りようがないから実は心配する必要ない。だから筆者は高プロを心配したり、反対している人に「君はクラスで1番だったの」と聞いている。すると大抵「そうじゃない」と言うから、「それなら全然関係ないよ」と答えている。

ところで、筆者は、この「高プロ論議」をきっかけに、特に若者に自分の働き方（生き方）を考えてほしいと思っている。日本はこれまで、新卒一括採用、同一賃金、終身雇用をベースにしてきた。しかし、これからはもっと様々な雇用形態が出てくるだろう。そのとき、スキルを持っているかどうかが問われることになるのだ。

スキルが求められる若者世代

ここまで雇用がよくなっている現状で、働き方改革でメリットを受けるのは間違いなく若者世代である。これからも雇用はもっとよくなっていくが、中高年齢層の雇用が大幅に増えることはあり得ない。当然のことながら、企業にしてみれば、活《い》きのいい若者を取りたい。薹《とう》が立ったオジさんなんか必要としていないのだ。

それどころか、オジさんたちは、むしろこれから辛《つら》い立場に立たされる。たとえば銀行業界などは崖っぷちに立たされている。

筆者の友人である浪川攻氏の著書『銀行員はどう生きるか』（講談社現代新書）が大量人員削減時代を迎えた銀行員たちの現状をよく伝えていて、銀行員たちの間で話題になっているが、それは銀行業界に限ったことではない。ある意味で、既存の業界すべてで見られる光景だ。

その中で、オジさんたちは、職場になんとかしがみついて、それまでのストックでなんとか生きていくしかない。さもなければ、生活保護を受けなければならないことになりかねない。

実は、官僚の世界もそれに近くなっている。昔はキャリア制度の中で、高プロとして悠々としていられた時代はあったが、それが怪しくなっている。天下りはできなくなってきているし、途中で辞める人も増えている。そして辞めてもうまくいくとは限らない。キャリアでさえ厳しいのだから、単なる労働者として生きるのは辛い時代になっていく。

一方、若者にしても安閑とはしていられない。スキルを身につけていかなければ、相手にされないだろう。かつての日本のように高度成長が続いた時代なら、みんなと同じように働いていればよかった。しかし、今のようにある程度成熟した社会では、もう高度成長は望めない。あとはいかにして、低いながら少しでも高い成長を目指すかどうかという話である。

その中でもしデフレにでもなれば悲惨だ。失業率はどんどん増え、みんなが食うや食わずの生活を強いられることになる。いずれにしても、〝寄らば大樹の陰〟で一生安泰という生き方はないということだ。筆者が若者にスキルを身につけるよう強く勧めるのは、そういう理由からである。

米中貿易戦争で漁夫の利を得る日本

筆者は、本書で一貫して「日本は米中貿易戦争を恐れる必要はない」と主張してきた。それは唐突に言い始めたことではない。「米中の貿易戦争によって、日本が漁夫の利を得る可能性がある」ということは、筆者がかねてから主張してきたことである。

そもそも米中の貿易戦争の損得を考えてみると、経済的には中国の方が分が悪い。アメリカの対中輸入額は対中輸出額の4倍なので、米中の貿易が仮にゼロになったとすれば、中国経済への打撃はアメリカより大きいだろう。特にそれぞれの雇用に与える影響を考えると、中国の方がアメリカより雇用喪失の可能性が大きい。

アメリカが中国から輸入しているものは、他国からの輸入で代替可能なものが多いが、中国がアメリカから輸入しているものは自国生産や他国からの輸入で代替できないものが多いので、この点からも中国への打撃は小さいとはいえない。

しかし、日本を考えると、日本は漁夫の利を得る可能性がある。例えば、鉄鋼では当面アメリカの制裁対象となっているが、その他の製品では、米中が互いに貿易制裁すると、米中は日本との交易で米中間の貿易の減少を補おうとするからだ。

これを数量的に説明することも難しくないが、そうした主張をする国際機関も出てきた。

ＩＭＦ（国際通貨基金）も、『G20 Surveillance Note（July 21-22, 2018）』において、日本経済が米中の貿易戦争によって、成長率が高まるという試算をしているのだ。

そもそもＩＭＦは、２０１８年7月16日に、『Less Even Expansion,Rising Trade Tensions』というタイトルの世界経済見通しを出していた。訳すと、「まだら模様になった拡大、貿易摩擦の高まり」となるが、これまで拡大期中にあった世界経済が、まだら模様（Less Even）になり、悪いところが目につくようになってきたというのだ。

そんな最中に米中貿易戦争が起きたのだが、ＩＭＦは続けて、『G20 Surveillance Note』を公表した。これは、7月21日から22日にかけて、アルゼンチンで行われたＧ20財務相・中央総裁会議で議論するための参考資料だったが、その中に、「The Global Impact of Escalating Trade Actions」（貿易戦争によるグローバルなインパクト）という試算が掲載された。

試算の前提となる条件は次の４つだった。

条件①▼既に実行済みの関税：鉄鋼（25％）＋アルミ（10％）と、対中追加関税５００億ドル（25％）、それに中国からの報復関税５００億ドル（25％）などによる影響

条件②▼今後追加される関税：対中輸入２０００億ドル（10％）と、中国による同規模の報復関税による影響

条件③▼自動車輸入関税：アメリカが全自動車輸入にかける追加関税（25％）と、各国の報

図㉜ IMFによる米中貿易戦争の日米経済への影響試算

出典：The Global Impact of Escalating Trade Actions

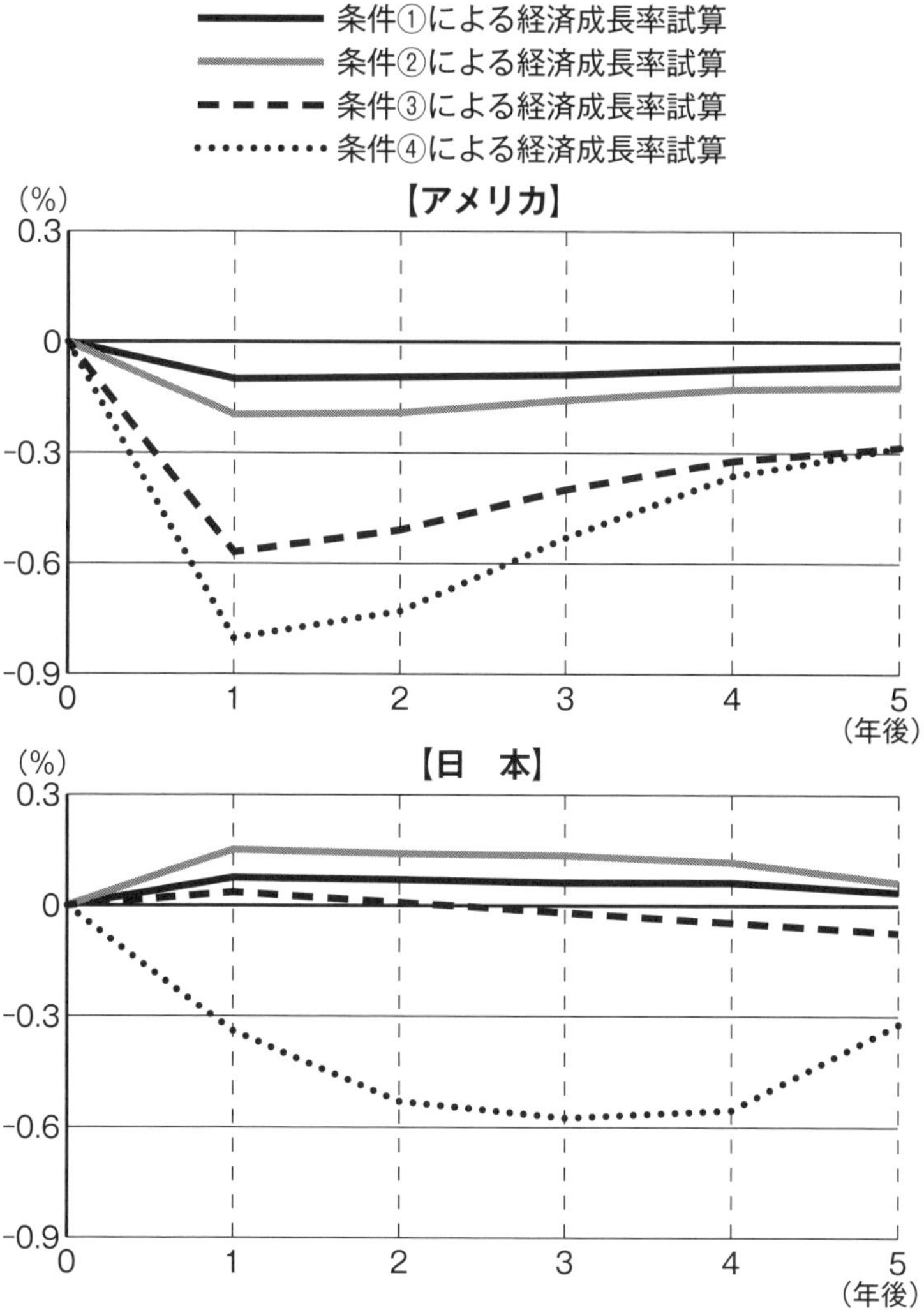

復措置による影響

条件④▼信用危機：貿易戦争がグローバルなショックを与え、投資に対するリスクプレミアムを引き上げてしまうことによる影響

その試算の中から、アメリカと日本の影響を示したのが図㉜だ。

これを見てもわかるように、アメリカは、「条件①」から「条件④」までのすべての条件において、経済成長率がマイナスになってしまうのに対して、日本の経済成長率は「条件③」の自動車輸入すべてにアメリカが関税をかけた場合にややマイナスになるだけで、大きな影響を受けるのは、「条件④」の信用危機が起きた場合のみである、としているのだ。

つまり、米中貿易戦争でほんとうのダメージを受けるのはアメリカであり、日本は、まさに〝漁夫の利〟を得ることとなる。

そもそも、日本はアメリカに174万台を輸出する一方で、377万台をアメリカ国内で生産し、150万人の雇用を生み出している。また、アメリカで日系企業が生産した車は、アメリカから輸出され、総額757億ドルをアメリカにもたらしている。アメリカに文句を言われる立場ではない。そういう意味では、日本は慌てる必要はない。日本が抗議する以前に、アメリカの労働者たちが、トランプ大統領に対して「日系企業いじめをして、我々の職場を失うようなことをするな！」と迫るのは時間の問題なのである。

第九章

財務省不要論

若者に支持されている安倍政権

安倍政権は失業率を減らしただけでも大きく評価されるべきだろう。だが、世論調査による支持率を見ると、2018年に入って不支持率が支持率を上回る状態が続いている（図㉝）。たとえば、安倍政権に対して批判的な朝日新聞の世論調査によると、2018年6月の全国世論調査では、安倍内閣の支持率は38%で、不支持率は45%だったとしている。

しかし、この世論調査というのが曲者《くせもの》だ。どう考えても、報道機関による世論調査にはバイアスがかかっており、本当に国民の意見を反映している数字とは言えないからだ。

また世代別に見ると、29歳以下は45%が支持（不支持は31%）、30〜39歳は47%が支持（不支持32%）なのに対し、40〜49歳は不支持45%（支持39%）、50〜59歳は不支持53%（支持31%）、60〜69歳は不支持61%（支持29%）、70歳以上は不支持44%（支持38%）と逆転している。

つまり、安倍政権は39歳以下の若者たちを中心に支持されていることがわかるが、それはアベノミクスが日本の未来に向けた政策を次々と打ち出していることへの評価であろう。つまり、中高齢者はこれまでの待遇を変えてほしくないのに対して、若い世代は大きな変革を望んでいるということの証《あかし》である。

2018年9月の自民党総裁選で安倍総理は三選を果たした。彼以外に今の日本をリードしていける人は見当たらないのだから、この結果は当然である。

仮に安倍総理が三選されないで、政権が代わるようなことになっていれば悲惨だった。誰が総理総裁になったとしても、これまでのような積極的な成長戦略政策はとれないだろう。そうなれば、日本経済のパイはどんどん小さくなる一方となり、日本経済はますます苦しくなったに違いない。

それにもかかわらず、朝日新聞と野党は相変わらず、モリカケ問題を取り上げては安倍政権叩《たた》きに躍起になっているが、結局、森友問題は前著『ついにあなたの賃金上昇が始まる！』で書いたように財務省近畿財務局の大チョンボにすぎなかったし、加計問題も、2018年7月に文部科学省の役人が収賄で逮捕されたという結末に終わっている。その役人は息子を東京医科大学に不正入学させる見返りに、私立大学支援事業の選定で東京医科大学に便宜を図っていた。

もちろん、それはそれで大きな問題だし、あってはならないことだが、安倍総理が直接関与していないことは明らかだし、正直言って国民は、1年以上も追及してそれ以上のことが何も出てこないモリカケ問題になんて、もう興味を失っている（そもそも総理大臣は個別の認可に関してはまったく関与できない仕組みになっている）。

それより、日本をどうするかだ。今は、安倍総理の経済政策の成功を認めて日本経済の立て直しに全力を尽くすべきだし、さらには外交で挙げつつある多くの成果に目を向けるべきなのである。

出展：朝日新聞世論調査

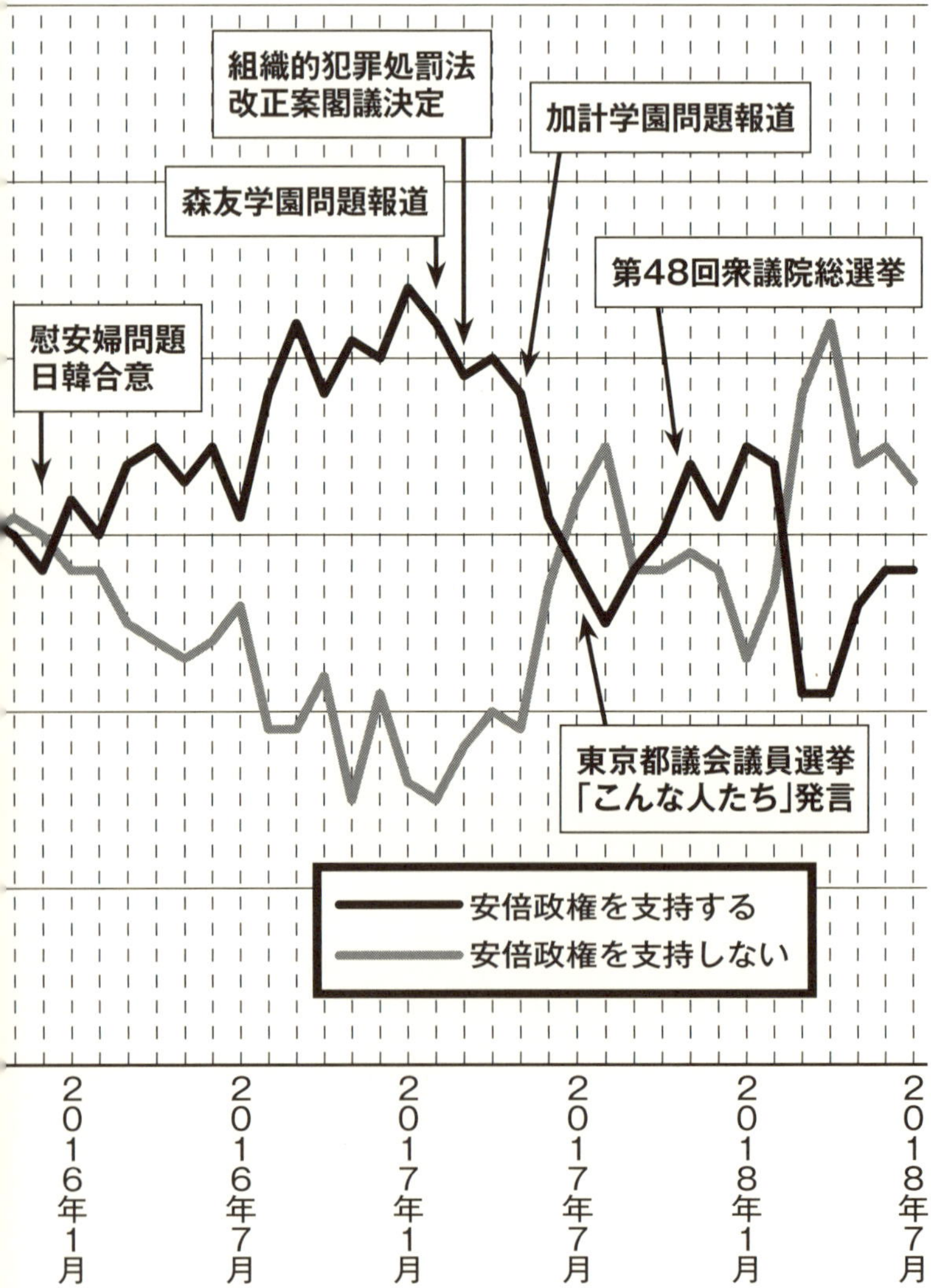

組織的犯罪処罰法
改正案閣議決定
加計学園問題報道
森友学園問題報道
第48回衆議院総選挙
慰安婦問題
日韓合意
東京都議会議員選挙
「こんな人たち」発言
安倍政権を支持する
安倍政権を支持しない
2016年1月
2016年7月
2017年1月
2017年7月
2018年1月
2018年7月

図㉝ 安倍政権支持率の推移

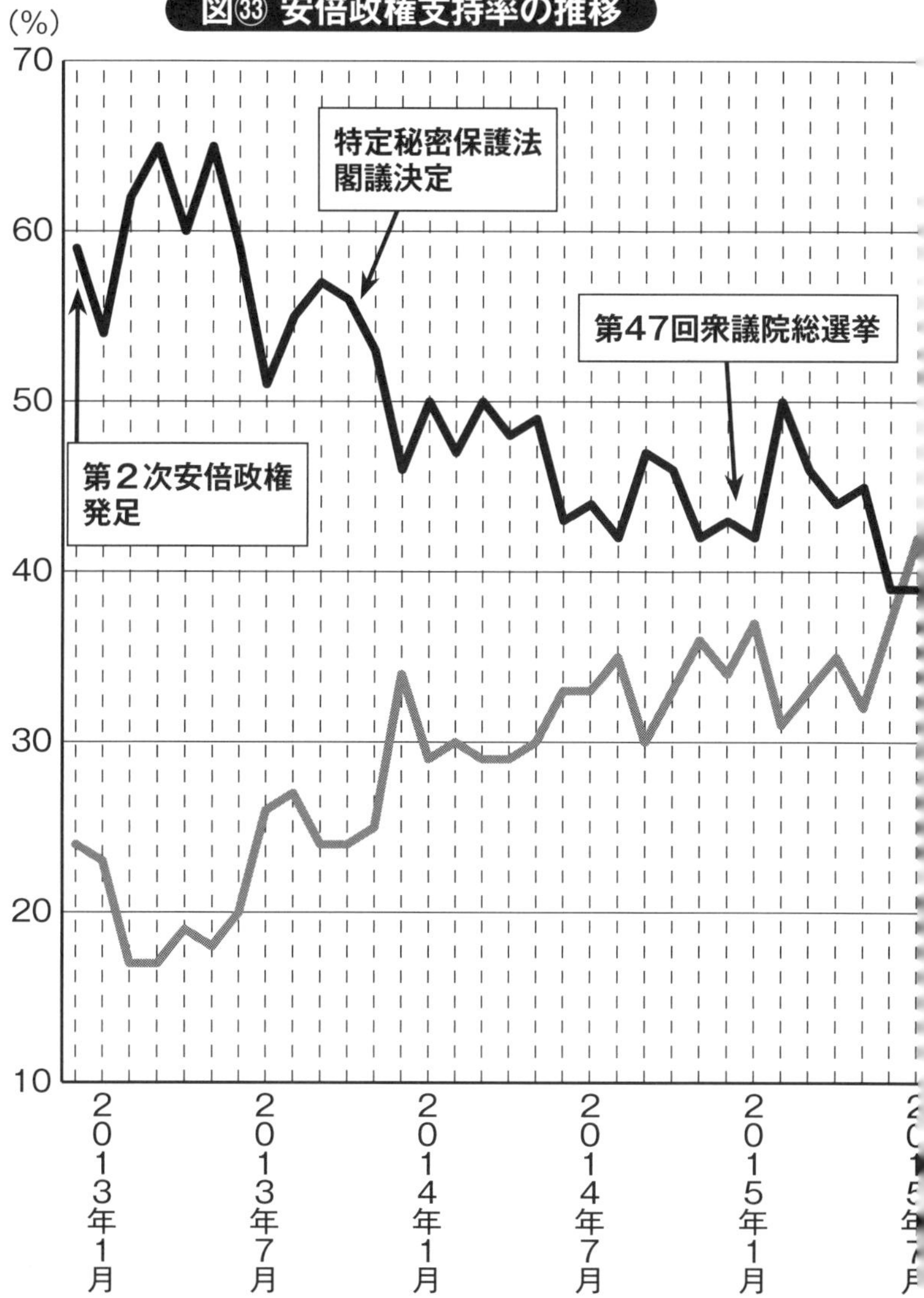

官僚の自己保身にすぎなかった森友問題の本質

それにしても、森友学園の国有地売却をめぐる決裁文書の改竄《かいざん》に続いて、学園側に対する財務官僚による口裏合わせ（つまり嘘《うそ》）の依頼が明らかになるなど、財務省の体《てい》たらくは目を覆わんばかりだ。

筆者はその問題について『財務省を解体せよ！』（宝島社新書）を書いたが、そのまえがきを再録する。

〈おごれる平家は久しからず――。

平安末期に政権を握った平家一族の興亡を描いた『平家物語』は、いかに権勢を誇った者でも、地位や権力を鼻にかけておごり高ぶれば、いつか奈落の底に落ちてしまうというこの世の常を、後世を生きる我々に伝えてくれています。

しかし、先人たちの教訓は生かされないまま、過ちは繰り返されてしまったようです。予算編成権と徴税権を盾に、政治家やマスコミ、他省庁をひれ伏し、〝最強官庁〟の名をほしいままにしてきた財務省で、常識では考えられない不祥事が連続しているのです。

財務官僚トップの福田淳一前事務次官のセクハラ発言疑惑が発覚したのは、4月18日の『週刊新潮』の報道がきっかけでした。報道によれば、福田氏は4月上旬の夜に東京・中目黒のレストランに財務省の記者クラブに所属する女性記者を呼び出し、セクハラ発言を繰り返したといいます。

報道直後、財務省は福田氏への聴取をもとに、疑惑を完全否定するコメントを発表しました。麻生太郎財務大臣も調査や処分はしない方向だと述べました。財務省の発表した「女性の接する店で言葉あそびを楽しむことはあるが、女性記者が不快に感じるセクハラ発言をした認識はない」という福田氏の弁明は、世論のさらなる反発を呼びました。

しかし、『週刊新潮』は16日になって、福田氏のセクハラ発言とされる音声データをネット上で公開。そのあまりに破廉恥な発言の数々に、財務省OBである筆者などは怒りを通りこして呆《あき》れてしまいました。同日、テレビ朝日の報道責任者らが会見を開き、「福田氏からセクハラ被害を受けたのは自社社員である」と公表しました。

窮地に立たされた福田氏は18日になって財務事務次官辞任を表明しました。『週刊新潮』の報道内容は「事実と異なる部分がある」として今後裁判で争う意向を示したものの、自らの振舞いが原因で混乱を招き、業務遂行が困難になったと説明しました。

現役財務官の〝セクハラ辞任劇〟は、まさに前代未聞。福田氏のセクハラに対する時代錯誤な考え方や、後手になった財務省の危機管理対応は、国民のさらなる怒りを招きました。1990年代に騒がれた大蔵省の過剰接待問題の頃から、財務省は何も変わっていなかったのではないかと批判されても仕方ありません。
これだけではありません。福田氏の辞任の１カ月ほど前には、森友学園問題の国有地売却をめぐる決裁文書の改ざんが発覚し、当時、理財局長として国会対応に当たっていた佐川宣寿前国税庁長官も辞任しているのです〉

こうした財務省の劣化は今に始まったことではない。筆者は、昔からあった問題点が表面化しただけだと感じている。

森友問題における文書改竄問題は、佐川前国税庁長官が不勉強なまま国会答弁の場に立ち、最初にミスったのがすべての始まりだったことは明らかになっている。マスコミは、安倍総理の「妻が森友学園問題に関わっていたら辞める」という発言がそのきっかけになったと書き立てたが、そもそも彼の発言は安倍総理の発言以前からおかしかった。

２０１７年２月９日の予算委員会の直前、朝日新聞に〈財務省近畿財務局が学校法人に払い下げた大阪府豊中市内の国有地をめぐり、財務局が売却額などを非公表にしていることが分かった〉という記事を報じた。学校法人とは森友学園のことだ。

それに対し、佐川氏は「記録は残っていない。財務省の行政文書管理規則にもとづき廃棄した」「すべて法令に基づいて適正にやっている」（２０１７年２月24日の衆院予算委員会）、「価格を提示したこともないし、先方からいくらで買いたいと希望があったこともない」（同年３月

15日の衆院財務金融委員会）などと答えていた。

しかし、それはすべて自己保身のための嘘だった。

そもそも、朝日新聞の記事が出た段階で、佐川氏は事実関係をもっと確認すべきだった。筆者がもしその立場だったら、決裁書を取り寄せて全部読んで確認するところだ。決裁書は50～60ページもないから、読めばすぐ事の推移はわかるから、あんな答弁はしない。だが、彼は部下の説明を聞いただけで不用意にも「価格交渉はなかった」と言ってしまったのだ。

そもそも、トラブルになっている土地の売買交渉で価格交渉がまったくないということはあり得ないし、価格交渉があったかなかったかなんて、決裁書を見ればすぐわかる。それを見た上で、支障のないように答弁するのが、いわゆる〝優秀な役人〟の役割だ。

だが彼はそれをやらず、安易に「価格交渉はなかった」と言ってしまった。後は、もう自己保身のために、嘘を並べるしかなくなったということであり、いい悪いは別にして、官僚としての素養がなかったということだ。そしてその後、財務省では、前述のように、福田前事務次官によるセクハラ発言疑惑が浮上した。これもまた情けない話だった。

財務省解体論

それにしても財務省の力は絶大だ。国の予算を預かる行政機関であるため、政治、経済など、あらゆる面で強い力を持っている。

その力の原点は、これから説明する2つを併せ持っているからである。

そもそも、筆者は行政を大きく2種類に分けて捉えている。〝企画する行政〟と〝執行する行政〟だ。

このうち〝企画する行政〟とは、簡単に言えば、法制度をつくる機能である。たとえば、予算を企画するのは〝企画する行政〟の最たる仕事だし、税制改正などの仕事もそれにあたる。こうした仕事は、実は政治と関わり合いが非常に多い仕事であると同時に、国民生活に直結する話なので新聞などでも大きく取り上げられる機会が多い。

一方、〝執行する行政〟とは決められたことを、決められた通りに淡々と進めていくことが仕事となる。たとえば、査察や税の徴収などの税務執行がそうである。地味な仕事だが、淡々とこなしていくしかない。仮に国民に不評の制度でも法律で決められたことはきちんと執行するのが仕事である。たとえば、森友問題で注目されることとなった財務局による国有財産等の売却なども〝執行する行政〟の仕事である。これもまた、決められた制度の枠の中で粛々とやるしかなく、政治と関わり合ってはいけない世界である。政治と関わり合うとルールを曲げられる怖《おそ》れがあるし、それこそ忖度《そんたく》が働くことになりかねないからだ。そういう意味では、企画する行政〟と〝執行する行政〟は分離したほうがいい。

しかし、財務省はその2つを併せ持っており、財務省の役人は政治家との結びつきを何よりも重視する傾向がある。

もう少し説明を加えよう。

そもそも財務省は前述したように、国の予算をつくる役所である。そのため、財務省の役人は、自然と新人の頃から政治家との接触が多くなる。そうすると得意な政治家というのができてきて、自《おの》ずとこの人にはこの官僚を、というのが決まってくる。一方、政治家の側も「こんな資料が欲しい」と頼むのに、頼みやすい人ができてきて、それで関係が強くなり、自然に担当のようになる。

官僚と政治家との密接な接触が生まれる場としては、たとえば〝質問取り〟も挙げられる。国会の前日に、それぞれの省庁の担当者が議員のところに行って、あらかじめどういう質問をするのかを聞くのが〝質問取り〟だ。普通なら自分の役所の大臣に対する質問なので絶対に間違えられないから、財務省以外の役所はその役目をベテランが担当するのである。

しかし財務省だけは1年目の新人が取りに行くのが伝統になっている。これは政治に慣れるための教育の一環だとされる。その一方で、新人なのでやはり間違えてしまうことがある。しかし財務省の幹部はまったく平気だ。新人が書いたものを読めば間違いはわかるし、仮に間違いがあった場合は、政治家に直接電話をして確認すればいい。つまり、財務省の幹部は、携帯で簡単に連絡を取り合えるくらい政治家とのコネクションがあるのだ。

しかし、役人と政治家が近づきすぎるのが好ましいことでないことは言うまでもないだろう。

それこそズブズブの関係が生まれやすいことになる。

そういう意味でも、〝企画する行政〟と〝執行する行政〟を同じ組織でやるのはあまり好ましいことではないということになる。

前述したように予算と税制は〝企画する行政〟だから、財務省でやっても問題はないだろう。むしろ、政治家と密に連絡を取り合わなければならない仕事だ。

しかし、〝執行する行政〟である国税庁や財務局が同じ組織に入っているのは問題だ。〝執行する行政〟は政治家と一切関わり合わない専門部署でやるべきだ。それにもかかわらず同じ財務省でやっているから、どうしても政治家との関わり合いが強く出てくることになってしまった。

こうした弊害をなくすには、財務省の〝企画する行政〟と〝執行する行政〟を分割すべきである、というのが筆者の「財務省解体論」の基本だ。

実は、他省庁では〝執行する行政〟が中心だ。〝企画する行政〟に関わるのはごく一部にすぎないから、それほど問題にすることはない。それに対して、財務省は〝企画する行政〟の仕事も〝執行する行政〟の仕事も多いから、忖度が働く風土が生まれてくる。

たとえば国税庁は財務省の外局だから、財務省が人事もやっていて、国税庁の幹部といえば、そのほとんどが財務省キャリアで占められている。それでは、国税庁の役人に本庁の思惑を忖度するなというほうが無理な話だ。

だからこそ、財務省を解体すべきだということだ。たとえば、国税庁は財務省から切り離して、内閣府に持っていって完全な専門家集団にしたほうがよほど機能するだろう。

それ以外の、たとえば経済産業省は〝企画する行政〟の仕事がほとんどだから、まず問題はない。あえて言えばエネルギー庁が〝執行する行政〟の部門にあたるから、それを分ければいいだけだ。また、農林水産省もほとんどは〝執行する行政〟の仕事だから問題はない。つまり、財務省を解体すれば、政治と行政の癒着問題はほぼ解決できるはずだ。

しかし、そんなことを言うのは筆者ぐらいのものである。みんなびびってしまって財務省に不都合なことなんて口にしようとしない。そこに大きな問題がある。

国税庁を武器に使う財務省

たとえば、国税庁が財務省から分離されたら、今回のような忖度云々《うんぬん》の問題は起きなくなるはずだ。

そもそも、国家公務員試験に合格して最初から国税庁のキャリアになる人たちは税務のプロとして育てられ、抜きんでた専門家になっていく。しかし、国税庁のトップである国税庁長官になるのは、いわゆる本庁である財務省のキャリアばかりである。

彼らは税制については多少は知っていても、税務執行の専門家ではない。それが、執行行政部門である国税庁のトップに立つのはおかしな話なのだが、財務省の中には本庁キャリアのほうが偉いという文化ができあがっている。

たとえば筆者は、大蔵省キャリアとして1980年に入省し、高松国税局観音寺税務署で税務署長を1985年7月から86年7月まで務めたが、財務省のキャリアと国税庁のキャリアの差は歴然としていた。筆者は5年目で税務署長になったが、国税庁キャリアで税務署長になれるのは一般的には8年目か9年目である。

また、署にはABCDの4ランクがあって、どこの税務署長になるかにも差があった。Aランクは県庁所在地で職員が百数十人いる。筆者が行った観音寺はBランクの一番いいところだった。

しかし、国税庁キャリアはCクラスの署の署長にしかなれないし、出世しても国税庁の徴税部長が最高ポストだ。ちなみに、国税庁のトップは国税庁長官、ナンバー2は国税庁次長、その下に総務部長、直税部長、間税部長、調査査察部長、徴収部長と続くが、徴収部長より高いポストはすべて財務省キャリアで占められる。逆に、国税庁キャリアが財務省キャリアになろうと思ったら、もう一度、国家公務員試験に合格して財務省キャリアとしてやり直すしかない。

それなら、最初から財務省キャリアになればいいじゃないかと思うかもしれないが、財務省で採用されるのは東大卒ばかりである。ごくまれに財務省を目指しながら面接で落とされて、国税庁に入る東大卒はいるが気の毒がられることになる。財務省本庁のキャリアと、国税庁のキャリアの間にはそれほどの差があるのだ。

その一方で、財務省の企画部門のキャリアが、この〝執行の権限〟を使い過ぎる面がある。執行の権限を使うとは国税庁を使うということだ。たとえば、政治家を脅すこともある。「国税庁にちょっと調べさせましょうか」と——。すると、身に覚えのある政治家はびびって言いなりになる。これは決してフェアなことではないし、最終的には権力側に利用されることにもなりかねない。

おかしな話だと思うだろうが、それが大蔵省以来、財務省になっても受け継がれている文化なのだ。そしてそんな中から、権力のある政治家に阿《おもね》り、忖度する役人が誕生していく。いや な世界であるが、これが事実だから仕方がない。

こうした日本における財務省と国税庁の関係は、国際的に見ても歪《いびつ》なものだ。たとえばアメリカには連邦税に関する執行、徴収を司《つかさど》るＩＲＳ（Internal Revenue Service：米内国歳入庁）という組織がある。日本の国税庁に相当する組織だが、政治とは切り離されている。また、実務志望で、ほんとうに税金について詳しいスタッフばかりで構成されているから、政治家とつながりがある者が「ちょっと執行で面倒見てやろうか」などという話は出てこないシステムになっている。

日本もそうあるべきだろう。だから筆者は「国税庁は政治と切り離して、政治とまったく関係のない専門家集団にしろ」と主張している。「髙橋は財務省で偉くなれなかったから」とか

「組織嫌いだから」などと言われるが、そうではない。「理論的に考えて省庁再編すればいいじゃないか」と言っているだけのことだ。

官邸支配という虚像

ここまで財務省を中心に述べてきたが、問題を抱えているのは財務省ばかりではない。たとえば加計問題がこじれにこじれたのは、文部科学省の前川喜平前事務次官が朝日新聞の取材に答えて、「行政のあり方が歪《ゆが》められた」と答えたことがきっかけだったが、これもまったくの見当違いの発言だった。

その件については『ついにあなたの賃金上昇が始まる！』で詳しく書いたので、ここでは簡単に触れる程度にとどめるが、加計学園問題は、あくまで利権を守ろうとする文科省の岩盤規制を突き破ろうとして、安倍政権が「規制改革」を掲げたことに対する、前川氏の意趣返しのようなものだったにすぎない。

簡単に言えば、文科省は閣議決定に獣医学部の参入条件を書きながらそれを示せなかったという、許認可権を持つ役所としては情けないお粗末さであり、内閣府との議論に負けただけだ。

それなのに、自らの責任を他省庁のせいに転嫁する厚かましさで、文科省の事情を臆面もなく説明する前川氏の会見に対して、筆者が記者であれば、その場で同氏の間違った考え方を正していただろう。

ところが、前川氏の「行政のあり方が歪められた」という言葉に小躍りした朝日新聞は、前川氏の発言のウラも取らぬまま、あたかも「安倍総理を叩ければ何でもいい」と言わんばかりに報道した。

あのとき筆者は、彼の発言が真実とは限らないのに、どうしてこれほど大きく取り上げるのか不思議に思って知り合いの新聞記者に聞いてみた。すると、「事務次官という肩書きだけで記事になる」とのことだった。

それにもかかわらず、いまだに前川氏を「安倍政権の官邸支配に対する正義の告発者だ」と持ち上げる向きも少なくない。

そして反安倍を掲げるメディアは、この「官邸による官僚の人事支配」が役人たちを萎縮《いしゅく》させ、忖度を生む原因になっているとうれしそうに書いている。

しかし、前川氏のような人物が事務次官まで昇り詰めたということは、逆に言えば官邸支配はたいしたことはないということだし、およそ官邸が事務次官クラスの人事に対していちいちチェックするようなことはしていない。そんな面倒くさいことをする時間もないから、よほど問題のある人物でない限り、各省庁から上がってきた人事案通りに決まっている。

そもそも、事務次官、局長などの幹部職員の任免について内閣の承認を得るべし、という制度がつくられたのは、自民党のみならず、民主党も公務員改革は共通の課題と言っていた時代のことだ。

それが安倍政権時代になって動き出しただけの話である。

まあ筆者としては、むしろ官邸による人事支配をもう少しちゃんと機能させて、変なのが出てこないようにしたほうが国民のためになるのではないかと考えている。そうすれば、前川文科事務次官の〝面従腹背〟も、前述した福田財務事務次官によるセクハラも阻止できていたかもしれない。

あとがき

来たる2019年、国内ではいよいよ本格的な賃金上昇が始まるが、働き方改革が進む中、国民自身も時代に合わせた生き方が必要になってくる。本書で、安倍総理が進める「働き方改革」についても論じたが、実は、国民自身が自分の生き方や働き方についてしっかり考え直す必要があることについても触れた。

「はじめに」で書いたが、「平成」後に始まる新時代は、国際的にも国内的にも大きな変化が目に見えて表れる時代の始まりである。ある意味では、圧倒的な力を持ったアメリカを頂点としていた国際秩序が崩れ、新たな秩序がつくられる時代となっていくし、それに伴い、日本の在り方も変化していかざるを得ない時代になっていくということである。

当然、私たち1人ひとりの生き方も変化していかざるを得ない。要するに、典型的会社人間になっていてはダメだということであり、個人としてどう生きるかを考えなければならない時代になるということである。

また、昨今、不祥事続きの省庁の在り方も変わらなければならないだろう。

その代表が、第九章で書いた「財務省」だ。2019年は、安倍総理の念願である「憲法改正」というテーマと同時に、「財政問題」が再び浮上してくることは間違いない。その財政問題の旗を振り、〝出口論〟を声高《こわだか》に叫ぶのが財務省だ。

２０１４年の５％から８％への消費税増税のとき、日銀総裁の黒田東彦氏は、「仮に消費税率を上げなかった場合、国債相場が暴落するリスクがある。それは日銀としては手の打ちようがない」と安倍総理に説明した。

それにきちんとした数字の裏付けがあれば「国債暴落」という脅し文句を使ってもいいだろう。仮に国債が暴落するとしたら何％ぐらい下落するのか説明するべきである。ところが、そんな説明をした人は誰もいなかった。

だいたい〝出口論〟を語りたがる財政緊縮論者はバカばかりで、定量的な議論ができない。たとえば、「国債暴落のリスクがどれぐらいか」と聞いても、「天文学的リスト」などと情緒的な表現に終始するばかりで、議論がまるで嚙《か》み合わないし、そもそもそんな高確率で財政破綻が起きる可能性は皆無である。

筆者は、つい最近、『夕刊フジ』に、「日本の財政破綻の確率は、南海トラフ地震の発生確率より一桁《けた》も小さく、財政破綻はほとんど考えにくいほどだ」と書いた。

政府は南海トラフ地震が起きる確率は「今後30年以内に7割」としているが、計算すると「5年以内に1割」ということになる。これは結構心配してもいい数字だ。しかし、筆者が計算すると、財政破綻については、どんなに厳しく計算しても、「5年以内に1％」程度の可能性しかない。これはもう、まず考える必要のないレベルの話で、天が落ちてくるのではないかとありもしない無用な心配をする「杞憂《きゆう》」そのものだ。およそ、発生確率が5％以下のことをいちいち心配していたら何もできないだろう。

日本は、2018年の8月から9月にかけて大型台風に襲われ、大きな被害が出たのに続き、9月6日には、北海道胆振地方を震源とする地震があり、震度7を観測、道内最大の苫東厚真の火力発電所が停止し、道内全域で約295万戸が停電するという事態も発生した。ありもしない財政破綻の心配をするより、台風対策や地震対策をいかにするかを論じるべきなのだ。

ところで、2019年10月の消費税増税は、もう法律にも書かれ、既成路線となっている。筆者は、デフレからの完全脱却前に消費税を増税することには大反対だ。安倍総理は過去2回、増税を先延ばしにしたが、できるなら、政治腕力で消費増税をやめることだ。しかし2019年10月の消費税増税をひっくり返すのは難しいだろう。それならば、一部に軽減税率を適用するのではなく、全品目を軽減税率の対象にすべきである。

そうすれば、今のアベノミクスの流れに反しない。消費税を8％から10％にすると同時に、その日から全品目に軽減税率を適用すれば、増税による経済的ダメージを回避することも可能だろう。

いずれにせよ、せっかく実を結びつつあるアベノミクスの流れを止めてはいけない、ということである。消費増税をぶっ飛ばすくらいしないと、安倍政権の悲願である憲法改正もできなくなるだろう。

髙橋洋一　たかはし・よういち

1955年東京都生まれ。数量政策学者、(株) 政策工房会長、嘉悦大学教授（政策研究)。東京大学理学部数学科、経済学部経済学科卒業。博士（政策研究)。1980年大蔵省入省。理財局資金企画室長、内閣府参事官などを歴任した。2008年退官。
2008年『さらば財務省』（講談社）で第17回山本七平賞を受賞。近著に『これが世界と日本経済の真実だ』、『2018～世界と日本経済の真実　ついにあなたの賃金上昇が始まる！』（いずれも悟空出版）など多数。

2019～世界と日本経済の真実
米中貿易戦争で日本は果実を得る

二〇一八年十月二十九日　初版第一刷発行

著者　髙橋洋一
編集人　河野浩一
発行人　佐藤幸一
発行所　株式会社悟空出版
〒一六〇―〇〇二二　東京都新宿区新宿二―三―一一
電話　編集・販売：〇三―五三六九―四〇六三
ホームページ https://www.goku-books.jp

装幀　黒岩二三
印刷・製本　中央精版印刷株式会社

Printed in Japan　ISBN 978-4-908117-51-0